내가 조울증을 통제하는 방법

내가 조울증을 통제하는 방법

최태호 지음

*본도서의 목차는 도서의 뒤 148페이지에 있습니다.

머리글. 1

이 책은 명시적 표현을 우선시한다.
비유나 비아냥 등 암시적 표현인 경우에는 내 의사를 밝힐 것이다.
나는 의사를 표현하지 않은 암시적 표현을 가급적 피할 것이다.
내가 밝히지 않은 암시적 표현이 느껴진다면 무시하기를 바란다.
나를 믿지 않으면 당신은 이 책의 내용을 이해할 수 없다.

머리글. 2

글쓴이는 읽는 이가 이 책을 순서대로 읽기를 바란다.
목차의 기능을 생각해서 책의 내용 다음으로 배치는 하지만 글의 흐름을 예측하지 않고 글의 흐름을 따라가기를 바란다.
글의 흐름대로 읽을지 말지는 읽는 이가 선택하는 일이고 글의 흐름대로 읽지 않아서 발생하는 난해함은 그 선택에 따른 일이다.

머리글. 3

누군가가 "이해해라"라고 하면 내가 "이해는 하지만 받아들이는 건 다른 일이다."라고 대답했던 경우가 내 기억에 몇 번 있는데, 이런 경우를 돌아보면 이해와 받아들이는 것을 구분해서 이야기하는 건 흔치 않다. 보통 이해하고 받아들이고 용서하는 것을 포함해서 "이해해라"라고 이야기하지, "이해하고, 받아들이고, 용서해라"라고 따로 이야기하는 경우는 비교적 드물거든. 근데 나는 그걸 구분해서 표현했고 그 표현을 듣는 사람이 이해했다는 점이 돌아보니까 좀 이상했단 말이지. 추가로 이런 일이 있었다고 다른 사람에게 이야기를 하면 그때도 듣는 사람이 내가 뭘 이야기하고 싶어 하는지 이해했다고 할 수 있다.

앞의 내용을 풀어 놓으면서 또 떠오른 게 있는데, 이건 비교적 흔한 표현일 거야.

"머리로는 이해하지만 가슴은 그렇지 않다."

그래서 나는 이게 충분히 상식이라고 할 수 있는 수준이고 다른 인간들도 구분할 수 있으리라 판단해. 이해와 수용이라고 어렵지 않게 구분해서 이해하고 수용할 수 있을 거야.

당신이 이 책을 수용하는 건 기대하지 않는다. 당신이 불편하지 않다면 시도해보기를 바란다.

머리글. 4

내용을 전하기에 앞서 부정적인 내용은 좋은 표현방법이 아니지만 읽는 이가 반드시 주의하길 바라는 점이 있다.
글쓴이는 의학으로도 심리학으로도 전문가가 아니며 단지 한 번의 우울증과 한 번의 조증을 각 1년 정도 경험하고 이 내용을 쓴다는 점이다.
그리고 작성을 시작하는 지금 시점에서 완전히 회복되었는가 하면 그것도 아니다.
또 문제는 내가 하려는 이야기들은 대부분 실질적인 근거를 제시할 수 없는 것들이다.
경고로 시작하는 가장 큰 이유는 나도 경험자이기 때문에 증상들이 굉장히 위험할 수 있다는 것을 알고 있으며 전달이 잘못되어 다른 사람이 악화되지 않길 바라기 때문이다.
분명히 내 경험은 한정적일 것이고 간접적으로 다른 사람들의 이야기도 참고하지만 그 역시 모든 조울증을 이야기할 수 없다는 점을 알고 있다.
다시 말하자면 나는 최대한 관점을 다양화하고 각을 넓혀 건조하게 방향성 없이 이야기하겠지만 너무 그럴싸하다면 의심해보고, 너무 터무니없다면 말이 되게끔 생각해보기를 바란다.
당신이 증상을 견뎌내는 당사자라면
그렇게 생각을 뒤집어 보는 자체가 당신 자신을 통제하는 시작이 될 것이다.
당신이 증상을 견뎌내는 누군가의 주변인이라면
내 건조한 글에 사랑을 담아 왜곡해서 전해주기를 바란다.

꼭 우울증이나 조증이 아니라도 당신이 정신질환이 있다면 직접 읽지 않기를 바란다. 사적인 친분의 문제가 있다면 없는 의사나 상담사에게 대신 읽어달라고 했으면 싶다. 그 의사나 상담사는 정신질환이 없어야겠지? 당신이 정신질환이 있는 의사나 상담사일 까봐 하는 말이야. 당신이 뭔지, 누군지는 상관없이 정신질환이 있으면 안 읽기를 바란다는 게 내 의견이야.

당신이 멀쩡하다고 생각해도 읽다가 불안감이나 허무함 또는 심한 불쾌감 같은 것들이 느껴지면 그만 읽었으면 한다. 무시하고 읽는 인간들은 이 부분이 응급조치가 될 수 있으니까 기억했으면 한다. "허무하다.", "공허하다.", "어떻게 하지?", 같은 느낌이 들 수 있는데, 좀 심하면 답답하거나 공포를 동반할 건데 아마 공황발작일 거야. 항우울제가 있으면 먹고, 내가 권장하는 가장 빠른 응급조치는, 당신의 생각과 신체를 구분하고 신체감각에 조금 더 집중해. 숨을 고르고 편안하게 쉬고, 내 몸 구석구석이 위험하지 않다는 걸 천천히 느끼고, "허무하지 않다.", "공허하지 않다.", "어떻게 하지 않아도 괜찮다.", "잠시 쉰다.", "모두 멈춘다."의 느낌에 집중하는 거야. 그리고 몸이 조금씩 진정되는 걸 느끼면 그 때부터는 그 느낌에만 집중하면 된다.

그래 상태가 안 좋으면 읽어도 안 읽은 듯이 지나가겠지.

이건 일부러 비아냥을 섞은 건데, 당신은 해당하지 않는다고 생각해서 지나쳤으면 당신의 상태와는 별개로 이 책의 내용을 이해하기 힘들 것이라고 예상된다.

머리글. 5

나는 다른 사람들과 우울증, 조증, 조울증을 조금 다르게 본다.
먼저 경험하기 이전의 내가 생각하던 조울증을 떠올려 보면, 아마 보편적인 사람들이 생각하는 조울증과 비슷할 텐데, 우울함이 장기적인 것이 우울증 흥분상태가 장기적인 것이 조증 두 가지가 번갈아 가며 나타나는 것이 조울증 정도일 것이다. 간단하고 꽤 잘 전달되는 면도 있지만 내가 아쉬운 부분을 추가해보면 다음과 같다.
무심한 상태를 유지하지 못하고 장기적으로 우울한 것이 우울증.
무심한 상태를 유지하지 못하고 장기적으로 흥분 상태인 것이 조증.
내가 왜 이렇게 이야기하는 지가 납득하기 힘들다면 나는 당신이 그만 읽기를 바란다.
다음으로 내가 조증과 우울증을 대하는 태도는 같다.
이 둘을 다르게 봐서는 안 된다는 의미가 아니라 분명히 나에게 나타났던 형태는 두 가지로 구분되지만 이 둘의 공통점이 분명히 있다는 점이다. 그래서 표현 하나를 추가하자면 우울증이나 조증을 힘으로 비유하자면 같은 동력원이지만 방향만 다르다는 것이다.
이전의 표현과 합치면
"무심한 상태를 유지하지 못하고 장기적으로 우울하거나 흥분한 상태"
내가 이 표현을 추가하면서 전달하고자 하는 점은 단순히 우울증이니까 긍정적인 생각으로 회복하고 조증이니까 차분한 태도로 치유를 회복하는 방식이 조울증에서 벗어나지 못하는 이유가 될 수도 있다는 점인데, 나중에 자세히 덧붙이겠다.
그리고 이후에 구분이 필요 없다고 판단되면 우울증, 조증, 조울증을 구분하지 않고 조울증이라고 묶어서 표현하겠다.

조울증에 대한 머리글의 마무리로 조울증과 약에 대한 이야기를 감기를 통해 비유해 보면, 감기에 걸렸을 때 약만 먹으면 낫는다고 생각할 수도 있는데, 실제는 대부분 약을 먹으면서 감기에 원인이 될 만한 일들을 피한다.

그런데 조울증을 오래 유지하는 사람들은 약에만 의존하여 조울증의 원인이 될 만한 일을 피하지 않는다.

좀 더 자극적인 비유를 하자면 다리가 부러진 환자가 목발은 하면서 다친 다리를 질질 끌고 다닌다고 할 수 있다.

요점은 환자가 문제라는 말을 하고 싶은 것이 아니라 환자들이 대부분 무엇이 문제인지 짚기가 힘들다는 것이다.

애초에 사회 전반의 분위기가 이런 것들을 중요하게 다루지 않고 잘 거론되지 않으니 알기 힘들다. 이런 일을 겪기 전에는 관심이 생기지 않는다는 것이다.

겪은 내 의견은 "언제 어디서든지 자기 스스로 멈출 수 있어야 하고 다시 움직일 수 있어야 한다."이며, 아마 증상이 심한 만큼 오래 걸릴 것이다.

약간 더 풀어서 이야기해보면, 최대한 단순화시켜서 변수를 당신과 세상 두 가지로 놓으면 갈등을 피하는 방법은 단 두 가지다.

1. 세상에 맞춰서, 당신이 변하여 당신이 갈등을 더 이상 느끼지 않는 것.
2. 세상을 당신에 맞춰서 변화시켜 당신이 갈등을 더 이상 느끼지 않는 것.

그런데 이 두가지방법에서 벗어나는 동물들이 있다.

이 앞의 문장에서 당신이 불쾌할 수 있다는 가능성이 그려졌는데, 조울증에 걸린 사람을 동물이라고 한 것이 아니라, 조울증은 인간에게만 나타나는 현상이 아니기 때문에 한 표현이다.
만약 정말로 내가 그린 가능성에 들어갈 정도로 단순하고 성급한 인간이라면 그만 읽어라. 당신을 위해서 하는 말이다.
다시 설명으로 돌아와서 조울증의 상태를 묘사해보면

3.어느 쪽을 선택할지 지속적으로 고민하는 것.
4.현실을 왜곡하고 새로운 세상을 만들어 살아가는 것.

나는 대부분의 조울증 환자가 3,4에 해당한다고 생각하는데, 당사자는 아주 높은 확률로 받아들이기 힘들 것이다.
어째 서냐고 묻는다면 표면적으로는 1,2로 살아가고 있기 때문이라고 할 수 있고 사실 조울증에 대한 내 이야기는 여기서 끝이다. 이 정도면 나는 충분하다고 생각한다. 수학문제를 예로 들자면, 답은 여기 까지고 이 뒤의 내용들은 해설이라는 이야기지.
아마 이 책의 전반적인 내용은 당신 의견과 충돌할 거야.
하지만 나는 당신이 틀렸다고 하지 않을 거고, 그렇다고 내가 틀렸다고 생각하지도 않아. 내가 이 책을 통해 하려는 이야기는 충돌하는 나와 당신의 의견이 어떻게 둘 다 틀리지 않고 맞지도 않고 양립할 수 있는지를 설명할 거야. 꼭 지금 하고 있는 조울증에 대한 이야기만이 아니라 무엇을 주제로 해도 마찬가지고 어떤 의견이라도 마찬가지야. 나는 그 사실을 설명할 거야.
요약하자면 인간만이 아니라 생명체의 내면에 대한 이야기다.

0. 절차

내가 이 책을 만드는데 있어서 가장 우선시하는 의도는 내가 가진 정보를 최대한 오차 없이 당신에게 전달하는 것이다.
많은 사람들이 오차의 존재 자체를 모르고, 알아도 오차가 어떻게 생기는지 모른다.
절차에 대한 여기까지의 이야기를 비유로 표현해보면 나는 당신에게 0.9도 1.1도 $0.\dot{9}$도 아니고 1을 전달하는 것이 목표인데, 그…수학 좀 한다고 나대지 말고 $0.\dot{9}$와 1의 차이는 나중에 설명할 테니까 인내심을 좀 발휘했으면 한다.
다시 이어서 설명하면 0.1이나 0.001등의 정보의 가감에 대해서 존재를 모르고 어떤 과정에서 그런 현상이 생기는지 모른다는 이야기지.
그러니까 그 오차에 대해서 설명하는 게 먼저가 될 것이다.
재밌는 점은 이 과정을 완벽하게 이해하면 그게 내가 전달하고 싶은 내용이라는 거지.
그런데 아주 높은 확률로 한 번에 이해를 못 할 것이다.

첫 번째는 지금 당신과 나 사이에 있는 이 책, 글을 중심으로 한 설명.
두 번째는 범위를 확장해서 언어
세 번째는 범위를 더 확장해서 행동
네 번째는 범위를 더 확장해서 현상
같은 대상을 다르게 반복해서 설명할 건데, 이해가 안 된다면 안타깝지만 당신과 나 사이엔 굉장히 많은 오차가 존재한다. 다른 사람을 통해서 전달받는 것이 좋겠다.

1. 구분

이 책의 전반에 걸쳐 굉장히 중요한 역할을 할 하나의 도구다.
주로 구분을 없애고 합쳐서 더 큰 개념을 설명하거나, 구분을 생성해서 더 작은 개념을 설명하게 될 것이다.
예를 들면 세상의 모든 것들을 구분하는 방법에는 여러 가지가 있겠지만 생명을 가진 것과 아닌 것으로 나눌 수도 있을 것이다.
생명이 있는 것들을 한 번 더 나누면 어떻게 될까? 사람마다 다르겠지.
나는 동물도 식물도 균도 생명으로 구분한다.
누군가는 동물만으로 한정할 것이고, 누군가는 식물까지 라고도 하겠지.
하나 더 예를 들어보자면 사람마다 식재료로 분류하는 대상이 다르지.
나는 동물도 식물도 균도 구분하지 않는다.
균을 식재료라고 하면 의아할 수 있지만 버섯이 균으로 구분되고 발효식품도 균에 걸친다고 할 수 있다.
또 다르게는 일반적인 식재료 구분에 따라서 육식 채식이라고 할 수도 있지.
그건 내 구분이고 채식을 위주로 하는 사람들에게 동물은 식재료로 구분되지 않는다.
이런 식으로 "이 부분을 다시 보자"는 것이 내가 설명하는 방식 중에 하나다. "이상하니까 바꿔!"까지 가지 않기를 바란다. 확인만 하자는 것이 내가 의도하는 거니까. 다르게 표현하면 재발견이라고 할 수 있다.
그러니까 나는 설명을 위해서 새로운 구분을 만들고 그 구분도 설명할 테니까 당신은 그 구분을 이해해야 내가 설명하는 것을 이해할 수 있다.
추가 경고인데, 이 책의 대부분의 내용은 이런 식일 것이다.
당신이 스스로 내면을 들여다보게 유도할 것이고, 그 과정에서 당신은 아마 아주 높은 확률도 잦은 불쾌감을 느낄 것이다. 재밌는 부분은 그 불쾌감도 설명할 거니까 궁금하면 참고 읽어야 되겠지?
다시 경고로 돌아가서, 들여다보고 고치는 것은 당사자가 선택하는 일이지만 내가 경고하는 이유는 증상에 따라 들여다보는 자체가 위험 할 수도 있다고 판단하기 때문이다.

2. 공통점

구분은 내 역할이고 공통점을 찾는 것은 당신이 하는 일이다.
나는 반복되는 이야기를 하는 경우가 많을 것이고 그 이야기들 사이에서 공통점을 찾으면 된다. 그리고 그 공통점을 무리하게 언어로 옮기려고 하지 않았으면 좋겠다.
늘어놓은 설명보다는 해보는 게 빠르지.

1. 토끼가 산길을 따라 산 정상 향해 올라가는 정도
2. 거북이가 해변에서 바다를 향해 기는 정도
3. 인간이 달릴 때 이동되는 정도
4. 인간이 걸을 때 이동되는 정도
5. 3과 4의 차이

속도인데, 내가 속도라고 하지 않고 이런 식으로 당신이 추론케 한 이유는 앞으로 표현할 것들이 우리가 단어로 사용하기로 약속한 것들로는 직접적으로 표현하기가 무리가 있기 때문이다. 어떤 식의 접근이 필요한지 전달하는 것이 목적이기 때문에 예시는 비교적 뚜렷한 답이 나오는 것으로 선택했다.

앞의 속도를 예로 설명하자면 속도라는 단어와 개념이 공유되기 전에는 우리가 지금 속도라고 부르는 개념을 앞의 예시와 같이 설명했을 거라는 이야기다. 예를 들자면 코끼리가 처음부터 코끼리가 아니라 "회색 피부에 코가 길고 덩치가 굉장히 큰 동물" 같이 문장형으로 설명됐을 거라는 이야기지. 어떤 것들은 존재하기 전부터 이름을 붙이기도 하지만 모두가 그런 것은 아니니까.

나는 단어로 약속되지 않은 어떤 개념을 설명할 건데, 내가 새로운 단어를 만들어서 제시할 수도 있지만 나는 이게 낫다고 판단했다.

조금 다르게 설명하자면 상식 밖의 이야기를 하겠다는 건데, 단지 상식 밖의 이야기라서 불편하다면 처음부터 상식이었던 지식은 없다는 점을 알았으면 좋겠다. 천동설도 상식이었지.

추가로 당신이 앞으로 읽으면서 주의해야 하는 것은 나는 분명히 공통점이 있는 것들을 이야기할 텐데, 당신은 다른 요소에 주의가 끌려서 정신 못 차릴 때가 있을 수 있다. 내가 할 수 있는 것은 사실을 알리는 것이고 그 사실을 받아들이는 것은 당신 역할이다. 비유로 표현하면 나는 어딘가를 보라고 가리킬 뿐이며 내 가리킴을 이해하고 수용하여 바라보는 것은 당신의 역할이다. 억지로 글조각이나 읽으려면 안 하는 것이 나으리라는 이야기다. 내가 전달하려는 것은 내가 글에 실으려는 내용이니까.

아무튼 요점은 내가 글, 언어, 행동, 현상 단계로 네 번 설명한다고 했는데, 이 네 가지를 잘 모아서 조립했을 때 언어로 표현이 불가능하다는 걸 느끼고, 내가 왜 이렇게 표현 했는가 까지를 느꼈다면 아마 이해를 넘어서 수용에 도달했을 것이다.

3. 글

글이라고 했지만 비슷하니까 말도 같이 이야기할 것이다.

3.1 구분

예시로 시작해보자.

①나는 글을 썼고 당신은 그 글을 읽고 있다.
잠시 상황을 좀 먼저 설명하자면 나는 지금 내가 충분히 조울증에서 벗어났고, 망상에 휘둘리지도 않고, 충분히 내 자신을 통제할 수 있다고 생각하며, 앞의 문장은 충분히 상식적인 표현이라고 생각하며 의미 전달이 된다고 생각한다.
그리고 사실을 글로 표현하기에는 분명히 한계가 있지만, ①은 사실에서 너무 멀다고 생각한다.
여기서부터 서서히 난해함이 시작될 것이다.
②당신이 보고 있는 글들은 내가 쓴 글이 아니라 인쇄기가 찍어낸 글이며, 애초에 나는 편집과정에서 일부 수기로 작성된 부분이 있을 수도 있지만 대체로 키보드만 두드렸다.
지금 내가 자판을 두드리는 시점은 당신이 글을 읽는 시점을 기준으로 과거지만 굉장한 변수가 생기지 않는 이상 ②번 문장은 사실이겠지. 예언 괜찮았나?
잠깐 내 의도를 정확히 짚고 넘어가는 것이 좋겠다.

1.나는 뭔가 잘못됐으니 바꾸자고 하는 게 아니다.
2.나는 당신의 내면을 보도록 유도한다.
3.나는 당신을 기분 나쁘게 하려는 것이 아니다.

앞서 내가 불쾌감을 느낄 거라고 이야기했던 상황이지. 당신이 불쾌감을 느꼈다면, 내가 의도라고 이야기한 세 가지가 그 불쾌감과 함께 떠오른 생각에 대한 답이 될 것이다.
물론 모두가 그렇게 느끼지는 않을 거고 불쾌감의 정도도 다 다를 건데, 불쾌감은 나중에 따로 설명할 예정이니, 우선 하던 설명을 이어 가겠다.
나한테도 자연스러운 표현은 ①이고, ①은 상식적인 표현이라는 의견을 아마 내 생각에 한국인의 절반 이상은 찬성할 것 같다.
그런데 내가 생각하기에는 ①보다 ②가 사실이라는 의견에 한국인의 절반 이상은 찬성할 것 같다. 조금 느낌이 오나? 내가 상식 밖의 사실을 이야기하겠다는 것이 조금은 신뢰가 생겼으면 좋겠다.
이해 안가는 사람을 생각해서 몇 개 더 해보자.

두 번째 예시로,
①나는 무선 이어폰을 충전했다.
②충전은 충전기가 했고 나는 충전기가 충전할 수 있도록 환경을 만들었다.

세 번째는 조금 다른 방향이야.
①나는 밥을 먹었다.
②이건 진짜 밥을 먹었다는 건가? 식사를 했다는 건가?
당신이 눈치가 좀 있다면 내가 말한 구분이 어떤 건지 조금 느낌이

왔을 텐데 아마 아주 높은 확률로 좀 부족할 거야.

뒤에 답이 나오긴 하겠지만 당신이 앞의 세 가지 예시의 공통점을 먼저 찾았으면 좋겠다. 이제 시작이고 앞으로 계속해서 점점 더 난해해질 테니까.

일단 나는 공통점을 의식하지 않고 일단 앞의 세 가지 상황을 떠올렸는데, 글로 읽어보니 공통점이 하나 보인다.

굳이 글로 표현하면 "일상적인 표현의 암시적인 부분"정도?

첫 번째 예에서 먼저 내가 표현을 바꾼 과정을 설명하면 깊은 고민을 한 건 아니고 ①의 문장을 바탕으로 실제로 일어나게 될 일을 예상하고 펼쳐본다. 이 과정도 구분이라고 할 수 있고 확대라고 표현할 수도 있고 관점이 변한다고 할 수도 있다.

이 부분을 서술하는 시점에서 책의 내용을 완성한 건 아니지만, 끝날 때까지 나는 손으로 직접 쓸 생각이 전혀 없다. 나와 출판 계약하게 될 출판사도 직접 손으로 책을 만들 것 같지는 않아. 당신은 인쇄기가 찍어낸 글을 보겠지.

두 번째 예시도 마찬가지야. 내가 직접 무선 이어폰에 전력을 공급할 능력은 안돼. 보통 ②를 줄인 표현이 ①인 거고 충전대상이 무선 이어폰이 아니라 버스카드라면 "버카충"까지 줄일 수도 있겠지.

세 번째는 조금 다른 경우인데, "밥을 먹는다."라고 하면 "밥"이 꼭 밥이라는 요리만 아니라 "식사", "끼니해결"등을 뜻한다. 그런데 의미를 혼용하는 정도가 아니라 문장의 용도가 바뀐다. 앞에서 말한 "식사"정도를 이야기하는 것이 아니라 "인사"나 "안부 확인"의 의미를 가지는 경우가 압도적으로 많다.

혹시 세 번째에 대한 이야기를 읽으면서 글의 흐름을 따라 동의했나? 그런데 다시 세 번째 예시를 보면 "인사"나 "안부 확인"의 의미는 느끼기가 좀 힘들지.

여기까지 읽고 "어?"정도의 반응이면 당신의 내면을 발견한 것이리라 생각한다. 짜증내거나 어이없어 하는 상태라면 당신 인내심으로 아직 이 구간은 당신에게 이르다. 못 따라오는 사람은 이해될 때까지 읽어도 되는데 다른 사람과 대화로 의견을 교환하는 쪽이 빠를 것이다.

다음으로 당신이나 나나 왜 이런 식으로 사실과 맞지 않는 표현을 하고 있는 지 확인하기 위해서 이야기할 대상은 학습이다.

3.2 학습

내면의 정보들을 구분하는 기준 중에 하나는 인간이 가지고 태어나는 본성, 살면서 생성되는 기억이 될 수 있는데, 기억이 생성되는 과정을 학습이라고 정하고 시작하겠다.
상식수준에서도 학습에 대해서 이야기할 때 "반복"이라는 단어의 비중은 굉장히 크다고 생각한다. 하지만 반복만이 다는 아닌 정도는 당신도 알 것이라고 생각한다.
우선 먼저 이야기할 부분은 "오차"인데, 결론부터 이야기하자면, "반복 속에서 오차를 제외하고 남는 공통점이 기억이 된다."라고 할 수 있다. 또는 그 공통점과 다른 정보의 연관성이 기억된다고 할 수도 있다.
그게 내가 당신에게 공통점을 찾기를 바라는 이유라고 할 수 있지.

첫 번째 예시로 과일의 개념은 의사소통이 가능한데, 숫자의 개념이 없는 사람에게 숫자를 설명한다고 가정해보자.
사과를 하나 보여주면서 "사과 하나"라고 이야기하고 사과를 바나나로 바꿔서 "바나나 하나"라고 이야기하고 사과를 귤로 바꿔서 "귤 하나"하는 식으로 사과만 다른 과일로 바꿔서 계속 이야기해주면 "하나"라는 개념이 생성된다는 이야기다.

두 번째로 사진이나 그림으로 디자인이나 용도가 다 다른 자동차를 보여주면 자동차에 대한 개념이 생성된다.

세 번째로 동사를 예로 들자면 주체와 객체를 계속 바꿔가면서 주체가 객체를 때리는 모습을 보여주면 때린다는 개념이 생성된다.
우리 머릿속에 자리 잡은 개념들은 아주 많은 부분들이 이런 식으로 끊임없이 쌓인다.
또 어떤 개념들은 앞서 말한 원시적인 방법으로 생성된 개념들을 기준으로 우리가 설명이라고 부르는 좀 더 체계적인 시스템을 통해서 생성됐다. 앞선 "반복"처럼 하나의 단어를 꼽자면 "조립"이라고 할 수 있지.
설명이나 조립에 대한 첫 번째 예시로 팔을 설명한다면
손에서부터 어깨아래까지의 인체 부위.
두 번째 예시로 게를 설명한다면
다리가 10개인 바다에 사는 갑각류인데, 좌우 각 한쪽 다리는 집게 형태인 동물.
세 번째 예시로
밥을 먹었냐고 묻는 표현이 밥 또는 식사를 먹었는지 묻는 직접적인 표현도 있지만, 이제 막 마주친 두 사람 사이에서 발생했을 때는 상대의 안부를 확인하고자 하는 역할도 포함된다.
내가 중요한 부분을 전달할 때 반복의 형태를 선택한 이유도 설명할 겸 두 가지 방식의 차이점도 짚고 넘어가자.
"반복"의 형태는 쉽고 빠르다. 정확도는 반복 횟수가 많아질수록 정확해진다.
"조립"의 형태는 정보들이 서로 지지하는 형태로 생성되기 때문에 설명하는 사람과 설명을 듣는 사람과 공유되는 정보가 많을수록 쉽고 정확해진다.
조립의 문제는 그게 아닐 때, 설명이 점점 길어진다는 거지.
개를 설명한다고 해보자.
반복의 성향은 그냥 종류별로 개를 보여주면 된다.

고양이나 사자를 보여주면서 이런 것들은 개가 아니라고 설명을 추가하면 좀 더 정확하고 빨라진다.
설명의 형태를 상식 수준에서 생각해보면 네발 달린 짐승이고 잡식을 하며, 형태는 굉장히 다양하고 고양이와 함께 가장 선호되는 애완동물이다.
이미 당신은 "개"라는 동물에 대한 개념을 가지고 있기 때문에 "고양이와 함께 가장 선호되는 애완동물이다."정도만 해도 아마 내가 개를 이야기한다는 것을 알아차릴 것이다.
하지만 가끔씩 아이들은 악의 없이 이런 시비를 걸어오는 경우가 종종 있다.
네발 달린 짐승이 개라면 다리가 없이 태어난 새끼는 개라고 할 수 없는가?
제 정신 박힌 어른들 사이에서는 이런 질문은 멸시당하지.
그런데 대부분은 이런 질문에 대해서 설명하기가 어렵다.
여기서 다시 반복의 형태를 위주로 하자면 질문이 향하는 개념을 비유하면 된다.
"신체결손 있는 사람을 사람이 아니라고 하는 것이 아니라 장애가 있는 사람이라고 하는 것처럼 개도 다리가 없다고 개가 아니라고 하지 않는다."
조립 형태를 위주로 가자면 생물학적인 방향으로 변이에 대해서 설명할 수도 있고 사고, 상식, 언어 같은 코드를 이용할 수도 있지만, 대부분은 경험적으로 "개"정도의 개념도 없는 사람에게 설명에 설명을 더하는 식으로는 끝이 안 난다는 것을 알고 있다.
모순이라고 이야기한 부분에 대해서 조립방식의 설명을 하자면, 상식적으로 생각하면 대부분의 사람은 개의 다리가 4개라고 생각한다. 그런데 실제로 4개가 아닌 개도 개라고 한다. 이런 현상을 이해하는 방법 중에 하나는 구분이라고 할 수 있는데, "개"라는 개념 안에 "장애가 있는 개"가 포함된다고 표현할 수도 있다.
그런데 "개"는 "장애가 있는 개"와 "장애가 없는 개"로 분류할 수도 있다.
앞의 설명을 "반복"의 형태로 비유해보면,
브랜드가 다르고, 모델이 다르고, 차대번호가 달라고 그 모든 것들을 차라고 한다.
나라가 다르고, 인종이 다르고, 언어가 다르고, 이름이 달라고 그 모든 것들을 인간이라고 한다.
혹시나 해서 잠깐 짚고 넘어가는데, "-이란 무엇인가?"같은 멍청한 질문은 안 했으면 좋겠다. 종종 이런 질문을 철학적인 질문이라고 하는데 다시 말하지만 철학적인 질문이 아니고 멍청한 질문이다. 왜 멍청한 질문인지도 나중에 설명한다.
다시 예시로 돌아가서, 잘 이해가 안 된다면 수학에서 집합 개념을 설명할 때 사용하는 벤 다이어그램을 연상하면 좀 낫다.
"개"라는 집합을 장애라는 기준으로 나누면 "장애가 있는 개"집합과 "장애가 없는 개"집합이 생긴다고 할 수도 있다.
그런데 "장애가 있는 개"집합과 "장애가 없는 개"집합의 교집합은 "개"라고 할 수도 있다.
그래 집합 개념을 꼭 알아야 하는 건 아니지. 근데 집합 개념을 제거해도 설명은 비슷해
그러니까 개를 장애라는 기준으로 나누면 "장애가 있는 개"와 "장애가 없는 개" 두 가지 구분이 생기지
그런데 "장애가 있는 개"와 "장애가 없는 개"의 구분을 없애고 합치는 게 "개"라고 할 수도 있지만, 두 분류의 공통점이 개라고 할 수도 있지.

개가 기준인가 장애가 기준인가의 차이이기 때문에 양 쪽 다 틀렸다고 할 수는 없다.
그러니까 인간을 인종으로 구분할 수 있는 것도 사실이고, 각 인종의 공통점은 인간인 것도 사실이다.
차를 업체 별로 구분할 수 있는 것도 사실이고, 그 업체 들의 공통점은 차인 것도 사실이지.
이해의 오차를 줄이고 정확도를 늘리기 위해서는 당신의 생활 속에서 예시를 추가적으로 찾으면 된다. 나는 그렇게 할 수 있는 일들에 대해서 이야기하고 있으니까.
그 부분이 오래 걸릴 테니 충분한 시간과 인내심의 투자가 필요하다. 그리고 그 정확도에 대해서 이야기할 겸 "-이란 무엇인가?"라는 질문이 멍청한 질문인 점에 대해서 이야기하려고 한다.
먼저 좋은 옛날 말 하나를 소개하자면 "일에는 먼저와 나중이 있고, 물질에는 본질과 말단이 있다."라는 말이 있는데, 특히 나는 시간이라는 변수에 자주 초점을 맞출 것이다.
일단 대상에 인간을 대입하고 시간 순으로 정리해보면 인간이라고 부르는 동물이 먼저 나타났고, 그 동물들이 언어를 만들고 자신들을 부른 게 "인간"이다.
말과 글은 나중이다. 그 대상이 실체가 있는 물질이던, 실체가 없는 개념이던 발견이 먼저고 부르기 위해서 이름 붙인다.
위의 방식대로 뭐가 생각이 잘 안 풀릴 때는 시간을 변수로 하면 해결되는 경우가 많다.
멍청한 질문에 대해서는 충분히 답이 됐을 거라고 생각한다.
그래, 멍청한 질문도 질문이야. 정말 대답이 필요할 수도 있지.
그래서 내 대답은 "인간은 인간"이야. 그리고 이건 상식적인 대답이 아니고 설명이라고 할 수도 없지.

하지만 설명을 하겠다고 풀어내는 순간부터 왜곡이 일어나기 때문에 어쩔 수 없어. 그게 내가 "조립"보다 "반복"을 통해 전달하려는 또 하나의 이유지.
나는 그 대상이 뭐가 됐던 사실대로 "조립"할 수가 없다.
그럼 설명이 왜곡을 만들어 낸다는 것에 대해서 먼저 좀 풀어보자.
먼저 나는 비난, 비아냥, 사회적인 운동이 의도가 아니라 말과 글이 사실과 차이나는 점에 대해서 이야기할 거야.
"생각을 하고 언어를 사용하며, 도구를 만들어 쓰고 사회를 이루어 사는 동물."
이라는 게 국어사전에 있는 인간에 대한 설명인데, 사실을 살펴보면 의식이 없거나 하는 등의 문제가 생겨 생각을 멈춘다고 우리가 인간이 아니라고 하지 않는다. 몸이 불편해서 도구를 사용할 수 없다고 인간이 아니라고 하지 않는다. 사회에서 도망치거나 외면당했다고 인간이 아니라고 하지 않는다.
그러니 모든 양면을 포함해서 설명하면 "생각을 하기도 하고 하지 않기도 하며, 도구를 만들기도 하고 만들지 않기도 하고, 도구를 쓰기도 하고 쓰지 않기도 하고, 사회를 이루기도 하고 이루지 않기도 하는 동물" 같은 만들지 않는 게 더 나았을 듯한 문장이 만들어진다.
그 어떤 설명도 완벽 할 수 없다. 비유하자면 설명이라는 것은 선을 긋고 그 선을 기준으로 한쪽 면을 비추는 일이라서 양쪽을 다 비추면 모순이 된다.
지금까지 글을 읽어 오면서 내가 종종 오락가락 하듯이, 또는 모순되는 듯이 이야기한 부분들이 이해되기를 바란다. 벌써 불편하다면 안 읽는 게 좋겠다.
나는 모순되는 표현을 한 적이 없다. 내 표현에서 당신은 어떤 정도를 읽어 냈을 것이고 방향을 마주하는 표현이 비유하자면 창과 방패처럼 부딪힐 때 당신이 모순이라고 느꼈을 것이다. 그런데 나는 모순적인 표현은 한 적이 없고, 당신이 내 표현 이상으로 이해할 것을 고려하여 제한한 것이며 내가 표현하려고 했던 것은 방향을 마주하는 두 표현사이의 무언가다. 내가 글에 부여한 의미와 당신이 글에서 읽어낸 의미의 오차로 인해 내가 표현하는 것이 변해서 당신에게 도달한 것이다. 비유적인 표현으로 나는 창을 설명하고 방패를 설명했는데, 그 창과 방패를 부딪치게 만든 건 당신의 상상이다. 다시 설명으로 돌아가서, 오차로 인해 설명은 늘릴수록 왜곡되고, 정확할수록 모순이 생긴다.
그리고 설명 자체로 유용한 경우는 일상에서 적은 편이다.
지금 당장 당신이나 나나 이야기 중인 인간이라는 단어가 "조립"의 비중보다 "반복"의 비중이 압도적으로 높다. 대부분이 살면서 반복적으로 인간이라고 부르는 대상을 경험하면서 생성된 정보다. 의도된 비아냥을 살짝 섞어서 말하자면 조립이 차지하는 비중은 공교육의 절차상 그냥 잠깐 자리 잡았다가 사라지는 경우가 많고, 대부분은 각자 살면서 경험한 인간의 평균이 자리 잡고 있다.
아마 지금 타이밍이면 멍청한 질문을 또 했을 수도 있겠다는 느낌이 든다. "인간이란 무엇인가?"하고 앞에서 멍청한 짓이라고 지적을 했는데도 그대로 했을 수도 있고, 멍청한 질문이라는 내 지적을 의식했다면 "무엇을 인간이라고 해야 하는가?"정도?
뭔가 찝찝할 거야. "그건 맞는데…"라고 생각했거나 당신이 원하는 답은 그게 아니라고 생각한다면 당신은 질문을 잘못한 것이다.
당신이 하고 싶은 질문은 "어디서부터 어디까지 인간인가?"겠지.
조금 다르게 이야기하면 "인간을 어떻게 '구분'해야 하는가?"겠지. 맞췄나?
틀렸을 수도 있지. 그래, 내가 읽는 사람의 생각을 예상하는 듯한 내용들이 읽으면서 계속 거슬렸을 거야. 나도 내 글들 중에 유난히 반발이 많을 만한 부분들을 알아. 상식 변두리에 있거나 완전히 벗어나는 표현들이지.

혹시 당신이 그 부분들에 대해 모두 반발심을 느꼈다면 안타깝게도 모두 당신 같은 건 아니야. 누군가는 "그렇게 생각 할 수도 있겠다."라고 받아들이지.

반대도 마찬가지야. 당신이 "그렇게 생각할 수도 있겠다."라고 생각했다면 부정적인 반응에 응답하는 듯한 내 예상들이 의아했겠지. 그 부분도 하나의 설명하는 방식이야. 이해하고 받아들이는 사람한테는 의미 없지만 이해 못하거나 수용을 못하는 사람의 반응을 예상하고 한 번 더 설명하는 장치야.

한 번 더 해볼까? 아마 당신이 못 받아들이는 게 아니라 내가 틀렸다고 생각했을 걸? 말도 안 된다고 생각했겠지.

그런데 나는 그런 태도를 못 받아들인다고 표현했다.

이런 식으로 내가 읽는 사람의 반응이나 앞날을 예상하듯이 쓴 부분들이 꽤 있는데, 다음엔 이런 추리들에 대해서 이야기해보려고 한다. 이제는 내가 왜 당신에게 공통점을 찾아내기를 바랬는지 이해하기를 바라며,

불편하면 안 읽으면 된다.

3.3 말과 글에서 표현되지 않은 정보

이 부분은 그래도 이 책에서 재미있는 편일 거야. 독심술에 대한 이야기 거든.
그런데 보통 공연하는 사람들이 보이는 속임수가 아니야. 내가 설명할 방법은 그냥 상대방의 내면을 읽는 거야. 방법도 대단한 기술은 필요 없고 상대방이 하는 이야기를 잘 듣고 믿을 것과 의심할 것을 구분하면 되는데 이미 있는 단어를 꼽자면 "경청"이라고 하지. 내가 생각하기에 누구나 이 정도는 할 수 있는데, 안 하는 건지 못하는 건지 벽이나 허공에 이야기하듯이 혼자 할 말만 하는 인간들이 있단 말이지. "그래 그런 인간들이 있지."하고 생각했다면 당신이 그런 인간일 가능성이 높다고 생각되니까 조심했으면 하네.
본론으로 돌아가서, 잘 들었으면 이제 들은 내용에서 방향을 찾는 게 다음인데 말과 글에서 방향을 찾는 다는 건 생소한 표현이겠지. 내면을 물리적인 공간에 비유해서 표현하는 건데, 방향을 먼저 설명하는 게 좋겠네.
상상이든 그림이든 한국에서 북한을 향해 선을 하나 그리면 그 선에서 "방향"이라는 개념을 읽을 수 있는데, 방향은 실존하는 것이 아니라, 그 선에 부여된 개념, 또는 선에서 읽어낸 개념이라고 할 수 있고 그 방향이라는 개념을 한국에서 북한으로 적용하면 북향, 그리고 북한에서 한국을 향한다면 남향이라고 하겠지. 그 선의 길이는 중요하지 않아. 러시아까지 그려도 방향은 변하지 않거든.
그럼 이제 그 실체들을 지운 다음에 선과 방향이라는 개념만 남기고 다른 모습을 씌울 거야. 한국이 있던 자리에 숫자 "1"이 들어가고 북한이 있던 자리에는 "2"가 들어가면 그 방향을 우리는 다르게 표현해. 1에서 2를 향하면 "크다"라고 하고 방향이 반대가 되면 "작다"라고 하지. 내가 뭘 표현하고 싶어하는지 조금 느낌이 오나? 공통점을 찾으려면 표본이 많을수록 좋지.
한국이 있던 자리에 거북이가 기어가는 모습을 상상하고, 북한이 있던 자리에 토끼가 달리는 모습을 상상하면 그 방향을 거북이에서 토끼를 향할 때, "빠르다", 반대방향은 "느리다"라고 표현하지.
마지막은 조금 복잡하게 한국에 흥부 북한에 놀부로 설정해보자.
선은 하나인데, 여러 가지 방향이 느껴지네. 그래 아마 당신은 아닐 거야.
"부유하다, 가난하다", "나쁘다, 착하다", "형, 동생" 계속하면 계속 나올 것 같아서 끊어야 되겠네.
나도 알아 상식적으로 방향은 공간에 적용하고 가끔 비유적으로 사용되지. 근데 당신도 내가 보인 예시들에서 달리 표현할 단어가 없다는 걸 느끼잖아? 상식선에서 그나마 방향이라는 단어가 적절하다고 느끼잖아? 그래 뭐 아닐 수도 있지. 더 적절한 단어가 있다면 나도 알고 싶네.
이걸 꼭 시각적인 형태나 언어적인 형태로 연상할 필요는 없고 그냥 느끼면 될 거야 아마. 수식 같은 느낌이지. 훨씬 복잡하지만 비유하자면 내가 준 예시들 "1+2=3", "3+4=7", "8+9=17"에서 공통점을 찾고 "x+y=z"가 되는 방정식을 느끼란 이야기야.
지금까지 설명한 것들이 그래도 내가 생각하기에 독심술에서 제일 쉬운 부분인데, 무언가를 표현하는 용도인 형용사는 방향이라고 생각하면 될 거야. 내가 사전에서 모든 형용사를 다 확인해 본 건 아니지만 내 기억에 의하면 대부분 맞아.
그러니까 응용 예시를 들자면 자주 나타나는 형태는 생략인데, "차가 크다."라는 문장을 본다면 당신은 이제 주체인 차에 비해서 작은 비교 대상이 생략됐다는 점을 발견할 수 있을 거야. 내가 이야기하는 "방향"을 이해했다면 반대로 가면 되는 거지.

잠시 책의 전체적인 이해를 돕기 위해서 한마디 보태면, 내가 직접적으로 수치나 부사 등을 이용해서 정도를 표현한 것이 아니라면 모든 표현들을 정도가 배제된 방향으로 이해하면 좀 더 나을 것이다. 내가 명시적인 표현을 우선하겠다고 했던 점이 조금 더 입체적으로 이해된다면 좋겠다.

이게 시작이고, 실제로 대화 중에 읽어 내기까지는 시간이 엄청 많이 필요할 거야 아마. 그리고 입문자 과정이니 상대의 속을 훤히 정도의 수준은 바라지마. 말이나 글에서 정보를 얻어내는 방법이기 때문에 속이면 의미가 없어지니까, 당신 자신의 내면이나 캘 수 있을 것이다. 그것마저도 당신이 스스로 속이지 않아야 가능하지. 오히려 타인을 읽는 게 쉬울 수도 있다.

오래 걸리고 어려워서 답답하다면 다시 생각해봐. 당신은 이제 냄비를 처음 잡으면서 요리 경력이 30년 넘는 사람처럼 요리하기를 바라나? 그래, 요리를 안 하는 것도 방법이지.

재미있는 부분은 이미 당신의 내면이 그렇게 하고 있다는 점인데, 그래 당신은 이해가 안 될 거니까 이번엔 그 부분에 대해서 이야기할 거야.

3.4 선입견

지금까지의 맥락으로는 선입견이라는 단어가 삐걱대거나 뒤틀리듯이 맥이 끊기는 느낌이 있을 건데, 이번에 내가 이야기하려는 것도 상식 안에서는 없는 표현이야. 그래서 내가 생각하는 가장 가까운 느낌의 단어를 선택한 거야.
일단 상식적인 표현을 응용하자면 "무한하게 넓은 의미의 선입견"이라고만 미리 설명해두지. 비유하자면 흔히 자동차를 떠올리면 바퀴가 4개인 차고, 바이크는 자동차와 따로 분류할 수도 있지만 이륜차라는 분류로 넓은 의미의 자동차에 포함되는 거랑 비슷한데 확장하는 범위가 어마어마하게 넓다고 하자.
다르게 표현하면 정도의 크고 작음을 구분하지 않는 방향으로만 의미를 가지는 선입견이라고 할 수도 있겠네.
매번 문장 형으로 이야기할 수도 있지만 쓸데없이 길어지니까 한단어로 하고 싶은데, 새로운 단어를 만들지 않고 상식수준에서 굳이 선택 하자면 선입견이 제일 비슷하다고 생각해.
먼저 뭐가 선입견인가를 이야기해 보면, 어떤 대상에 대한 적은 정보를 주어진 정보이상으로 부풀리는 거지. 설명은 어려우니까 예시를 보자.
당신은 총을 들고 있고 2m정도 거리에 성인 여성이 7살 정도로 보이는 남자 아이를 곡괭이로 내리 치려고 하는데, 당신은 총을 사용하겠는가?
보통 이런 멍청한 질문을 딜레마라고 하던데, 나도 흉내 내서 하나 만든 거야.
아마 당신이 상식적인 인간일수록 위 질문의 의도를 총을 사용해서 제압할 것인가 또는 악인이지만 살생은 피하겠는가 정도로 받아들였을 건데, 나는 그런 질문을 한 적이 없다. 그런 착각을 하도록 유도한 건 맞지만 분명히 나는 암시적인 표현을 할 때는 먼저 밝히겠다고 했거든. 당신이 상식적인 인간일수록 당신은 총을 쏘거나 덮쳐서 제압하겠다는 답에서 벗어나지 못했을 거야.

그렇게 답했다면 당신은 아주 높은 확률로 질문 안의 아이를 해치려는 성인여성을 악인으로 판단했을 것이고, 아주 높은 확률로 7살 정도로 보이는 남자 아이를 보호해야 한다고 판단했겠지. 아주 상식적인 생각이니까.

다시 질문을 읽어보면. 질문엔 두 사람의 성별과 나이에 대한 묘사 말고는 정보가 없다. 당신이 만들어 낸 거야. 상식이니까.

내가 만든 질문에 당신이 상식을 덕지덕지 붙여서 만들어낸 부분을 선입견이라고 한 것이다.

앞의 경우는 좀 어려울 수 있으니까 간단한 것부터 다시 시작하자. 당신의 삶을 돌이켜 보면, "크다"라는 표현을 들었을 때 생략된 비교대상에 대해서 되묻는 상황은 당신 기억에 잘 없을 거야. 혹시나 그런 기억이 있는 정도가 아니라 많다면 이 부분은 당신에게 굉장히 중요할 거야.

다른 사람이 되묻는 상황을 본적도 없거나 기억이 안 날 거야. 당신 기억 안의 대부분의 반응은 동의나 반대가 대부분일 거야.

이 부분에서 걸리는 게 있는데, 양분하자면 한쪽은 앞에서 말한 생략된 상황이고 나머지 한쪽은 고정관념이라고 할 수 있지. 지금 이야기할 부분은 생략된 상황이야.

좀 더 자세한 예시로, 두 사람 중에 한 사람이 "저기 저 사람 키가 엄청 크다"라고 했을 때의 반응을 몇 개 보자.

①동의한다. 엄청 크다.

②큰데 엄청 큰 정도는 아니다.
③작다.
잠깐 설명을 덧대자면 이건 방정식 같은 거야. x+y=z에서 x와 z가 주어지면 y를 추리하는 거지.
①,②의 경우에는 두 사람 생각의 방향이 같다는 추리를 할 수 있고, ②번의 경우에는 대답한 사람의 기준과 대상의 거리가 조금 더 가깝다는 정보까지 얻을 수 있지.
③의 경우라면 먼저 이야기한 사람과 대답한 사람의 기준이 다른 방향에 있는 것이다.
그런데 내가 가장 재미있게 생각하는 부분은 두 사람 다 기준을 당연시하고 이야기를 안 했다는 점이고 이런 일이 실제로 일상에서 굉장히 빈번하게 일어난다는 점이지.
사례 중에 당신이 모르기 힘들만한 단어로 봉사가 있는데, 지금 내가 이 내용을 서술하는 시점에서는 압도적으로 많은 사람이 봉사라는 단어를 맹인과 같은 의미의 단어로 사용한다. 거기에 무슨 대단한 이유가 있겠는가? 다른 사람들이 그렇게 쓰니까 나도 그렇게 쓰는 거지. 그런데 내가 아는 봉사의 어원은, 그러니까 봉사라는 단어가 만들어진 의도는 당시 관직 중 하나를 가리키기 위해서 였는데, 공교롭게도 봉사직의 맹인이 많아서 의미가 잘못 전해진 것이라는 설이 있는데, 나는 추가로 심청전의 영향이 굉장히 크다고 생각해. 하필 봉사직인 심학규씨가 맹인이었던 데다 이야기 속에서는 관직에 대한 이야기는 없기 때문에 마치 봉사는 맹인을 가리키는 것 같은 착각을 만들거든.
봉사는 좀 오래된 이야기고 뚜렷한 변화과정을 찾기가 어려운 이야기라면 비교적 최근에 생기는 여러 신조어들도 있다. 이런 것들은 굉장히 단기간에 오해를 만들고 의미가 변화하는데, 예를 들어서 이제는 뜸해진 표현인 "신박하다"를 이야기해보면, 지금은 "신기하다"와 비슷한 의미의 단어로 쓰이지만 앞의 봉사처럼 뚜렷하게 대비되도록 단어가 만들어진 의도를 설명하자면, "신박하다"는 "신기하다"를 의미하는게 맞지만 명사형의 "신박"은 "신성 속성의 성기사"를 칭하는 의미였고 중간의 과정을 빼고 쓰면 도저히 추론이 불가능할 정도의 간극이 느껴진다. 조금씩 의미를 좁히면 의도해서 설명했듯이 의도는 명사형이었으니 "신박"으로 접근하면, "신"은 비교적 단순하다. "신성", "신성속성"을 줄여서 표현한 것이다. 박은 인터넷 문화를 전혀 모르는 사람에게는 굉장히 난해한 과정일 것이다. 최대한 단순화해서 한 단계씩 설명하면 "박"은 "박휘"에서, "박휘"는 "바퀴"에서, "바퀴"는 "바퀴벌레"에서 유래됐고 성기사와 바퀴벌레의 연결고리는 생존력이다. 어느 컴퓨터 게임에서 직업 중 하나인 성기사의 생존력을 바퀴벌레와 동일시해서 "바퀴벌레"와 "성기사"를 동의어처럼 쓰던 문화가 있었다. 그 맥락으로 줄인 말까지 대치해서 "기사"를 "박휘"로 "기"를 "박"으로 바꿔서 이야기하는 문화로 번진 것이다. 예를 들면 "택시기사"를 "택시박휘"로 부르는 건데 이건 상식적으로 생각하면 택시기사를 멸칭으로 부르는 것 같지만 그렇게 깊게 생각하고 만들어진 단어가 아니라 단순하게 "기사"를 "박휘"로 대치하면서 생긴 단어다. 그렇게 같은 맥락으로 "신기하다"에서 "기"가 "박"으로 변하면서 "신박하다"라는 어휘가 생겼다.
같은 의미를 다르게 표현했던 시작과는 달리 신박하게도, 보편성을 띠며 표면상에 오르면서는 다른 의미를 가진 다른 표현이 됐다.
여기까지의 내용을 당신이 이해했다면 내가 말하는 오차가 아주 많이 분명해졌을 거야. 그러니까 내가 설명이라는 형태로 당신에게 반복되는 조립을 유도한 것도 이해했을 거고.
그런데 나는 그 오차를 이해하는 게 이 책을 통해 전달하려고 하는 내용이라는 점을 다시 떠올려봐.
아직 이해한 척하기에는 갈 길이 멀어. 여기까지의 내용을 아주 잘 이해해 봐야 당신이 이해한 오차는 "대화에서 발생하는 오차"고 다르게 표현하면 "오해의 원인"이라고 할 수 있지. 비유하자면 개를 이해한 게 아니라 사냥개정도를 이해한 거고, 사람을 이해한 게 아니라 한국인정도를 이해한 거니까 잘 "구분"했으면 좋겠다.
그러니까 지금 글을 읽고 있는 당신과 나는 어떤 대상을 선택해도 미묘하게 다른 걸 떠올릴 거야. 확인할 방법은 대화 정도라고 할 수 있는데, 애초에 대화는 문장의 교환이라고 할 수 있고 문장은 단어의 조합이라고 할 수 있는데 모든 단어에 오차가 존재하면 문장은 제대로 전달될까?
그게 규칙, 질서의 중요성이라고 할 수 있다.
학습이라는 현상이 파동처럼 퍼져 나갈 때 생기는 문제를 좀 더 직접적으로 전해 줄게. 5cm간격의 직선을 10번 그리는 두 가지 방법이야.
첫 번째는 시작 선에서 5cm의 간격의 선을 그리고 새로운 선에서 다시 5cm를 그리는 것을 반복하는 방법.
두 번째는 모든 선이 시작 선을 기준으로 "선의 순서*5cm"의 길이로 그리는 방법. (5cm, 10cm, 15cm, 20cm, 25cm, 30cm, 35cm, 40cm, 45cm, 50cm)
오차를 기준으로 두 방법의 차이를 보면 오차의 누적유무라고 할 수 있다.
선을 그리는 사람의 오차범위가 ±1cm라고 가정하고 처음 그리는 선은 두 가지 방법 모두 오차크기가 ±1cm로 동일하고 두 번째 방법은 횟수에 제한이 없이 무한히 그려도 그 오차 범위가 ±1cm에서 변함이 없다. 첫 번째 방법에서는 정말 재수 없게도 같은 방향으로 최대한 편향된 오차가 계속해서 발생하면 10cm의 오차가 생기게 되고 반대로 편향된 결과와 비교하면 20cm의 차이가 발생하지. 카오스이론을 비유적으로 표현하는 나비효과 이야기야. 나비효과 이야기가 전해지는 과정이 나비효과를 나타내는 재미있는 현상이지. 다 생략되고 나비가 태풍을 일으킨다는 표현까지 나오고 어떤 사람은 "티끌 모아 태산", "천리 길도 한걸음부터"같은 표현으로 사용하는 경우도 있으니까.
같은 이야기를 다르게 표현하고 다른 이야기를 똑같이 표현하는 현상이 생기지.
오차는 생기는 거고 막기가 불가능에 가까워. 그러니까 오차는 항상 존재한다고 가정하기를 권장한다.
또 재밌는 건, 현실을 보면 다 자신은 정답이라는 점인데, 혹시나 당신이 이 앞의 문장에서 다른 사람을 떠올렸다면, 그게 내가 그리는 절정이야.
내 이야기에는 모든 인간이 포함되거든. 앞에서도 모든 생명체의 내면에 대해서 이야기하겠다고 비슷한 이야기를 한 적이 있지.
지금 수준의 인류가 그러지 않는 건 불가능하다는 게 내 판단이야. 시간을 따라서 학습의 기준이 변화하는 흐름을 살펴보면 그 기준이 점점 많아지고 있다고 나는 느끼는데, 예전에 자유가 부족할 때는 그만큼 기준도 적었지. 개인은 가족을 기준으로 학습하고 가족은 마을을 기준으로 학습하고 마을은 나라를 기준으로 학습하던 모습이 예전이라면, 지금은 그 기준이 계속해서 쉬지 않고 많아지니 세기도 불가능해. 약간 내 감정을 실어서 이야기하자면 전부 각자 꼴리는 대로 이야기하면서 자기 말만 정답이라고 하는 상황이지.
앞에서 말했듯이 지금 수준에서는 불가능하니까 받아들이고 인정해야 할 거야. 이 사실 자체를 인정하지 않으면 당신은 오차까지도 외면해야 하니까. 그리고 다른 사람이 당신에게 맞추길 강요하게 된다.
글 단계는 여기서 마무리하고 잠깐 조울증 이야기로 돌아가보자.
지금 행동이나 현상을 배제하고 말이나 글의 단계에서는 생략되는 게 좀 많지만 가능한 만큼은 할 거야.
말이나 글 단계에서 조울증이 올 일이라면 아무리 말해도 아무리 글을 써도 상대방이 당신의 의사를 알아주지 못하는 부분에서 발생하겠지.
그런데 내가 이야기한 오차를 이해했다면 당신은 이미 답을 알 거야. 그런데 당사자들은 그렇게 하기가 굉장히 싫겠지. 그런데 당신에게는 옳은 일이 상대한테는 그른 일일 수도 있어. 나의 오른쪽과 당신의 오른쪽이 다르고, 나의 왼쪽과 당신의 왼쪽이 달라. 다른 위치에서 시작해 다른 기준에서 만들어진 작은 오차들이 쌓인 내 세상과 당신의 세상은 달라.
당신과 내가 다른 것처럼 모든 인간 하나하나가 모두 다르다.
당신이 세상에 적응하거나.
세상을 당신에게 적응시키거나.
당신이 다른 모든 것들에 적응하거나.
당신에게 다른 모든 것들을 적응시키거나.

4. 언어

미리 말했듯이 말과 글에서 범위를 확장하여 언어를 이야기할 것이다. 앞에서 내가 이야기한 말과 글은 "인간이 인간에게 의사전달을 위한 그림이나 소리"라고 할 수 있겠지? 추가로 앞서 글이나 말에서 주체나 객체를 인간으로 한정하던 것도 없을 것이다. 인간이 기계를 학습시키는 것도 언어라고 한다는 것을 떠올리면 이해가 될 것이다. 그래서 범위를 어떻게 넓힐 거냐 하면, 언어는 "인간이 무언가에게 의사전달을 위한 무언가"로 정하고 시작하겠다.

비유하자면 방정식 같은 건데, 인간은 상수고 "무언가에게"는 변수 "의사 전달을 위한 무언가"는 변수라고 생각하면 내가 전달하고 싶은 거랑 비슷할 거야.

4.1 구분

글과 언어는 겹치는 부분이 많아서 심화과정 정도가 될 것이다. 그러니 구분을 좀 더 이해하려면 서로 다른 언어체계를 비교하면 내가 구분이라고 부르는 게 조금 더 선명하게 이해될 것이다.
thinking을 한국어로 바꾸면? 생각
thought을 한국어로 바꾸면? 생각
idea를 한국어로 바꾸면? 생각
내가 구분, 오차라고 이야기하는 대상이 조금 더 분명해진다는 느낌이 오나?
당신이 영어에 좀 익숙한 사람이라면 틀렸다고 할 수도 있는데 실제로 많이 보이는 번역이고 내가 전달하려는 점은 영어단어가 아니라 언어는 1:1의 대응이 불가능하다는 거지.
설명하자면 영어라는 언어체계는 앞의 세 가지를 구분하는데 한국어라는 언어체계는 구분하지 않고 생각이라고 불러.
그런데 한국어가 영어의 문화를 접하고 섞이다 보니 그 구분이 느껴지게 됐는데, 애초에 그 구분자체가 달라서 1:1로 대응되는 번역이 불가능하니 새로 만들어야 했고 "아이디어"라고 소리를 가져와 소리를 글로 옮기게 됐지. 엄밀히 말하면 발음도 두 언어 체계의 소리 구분도 다르기 때문에 비슷하다고 할 수는 있지만 같은 발음이라고 하는 건 아마 어려울 거야. [아이디어]와 [aɪdiːə]는 완전히 다른 발음이니까. 앞의 과정을 내가 도입한 건 아니지만 맞을 걸? 아이디어만 그런 게 아니라 외래어가 유입되는 이유와 과정이라고 할 수 있지.
다시 말하면 외래어가 유입된 이유를 생각해보면 앞에서 말한 것들을 다시 이해할 수 있을 거야. 문화에 따라 구분이 달라서 유사한 단어도 찾기 힘들면 소리를 그대로 가져와 자국의 언어로 쓰는 게 외래어니까.

얼마 전에 idea를 생각이라고 번역한 걸 보고 이 부분을 이야기하기로 결정하긴 했는데, 먼저 당신이 알았으면 하는 부분은 나는 영어에도 전문가는 아니고, thinking, thought, idea에 대해 다음 내용을 쓰기위해서 5분정도 검색해서 찾아봤어. 그리고 그 정보들을 집약해서 내 나름대로 1:1로 대치가 안 되는 이유를 설명할 거야. 그 방법을 이야기하자면 앞에서 나온 독심술이야. 글이 향하는 방향을 읽고 그 방향을 거슬러 올라가서 구분을 읽어내고 그걸 설명하듯이 표현할 거야. 물론 틀릴 수 있지. 말했듯이 오차는 반드시 생기는 거고 내가 수집하는 정보에도 오류는 있을 수 있으니까.

의미의 범위로 구분하자면 thinking가 가장 포괄적이라고 할 수 있고 다음이 thought, 다음이 idea네.

위치적인 구분도 느껴지는데 thought, idea는 수동적인 느낌이 강한데 좀 다르게 표현하자면 깊이 가라앉아 있던 정보가 떠올랐다고 할 수 있고 멀리 있던 정보들이 모여서 생긴 정보라고 할 수도 있는데, thinking는 위치적으로 멀고 가까운 모든 정보를 포함하네.

thought, idea는 굉장히 비슷한데 지금 내가 원하는 정보가 떠오른다면 idea고, idea를 포함해서 상황과 무관하게 떠오르는 것들이 thought이네. bad idea를 thought이라고 할 수도 있겠네. thought을 실제 명사형으로 사용된 사례를 보거나 들은 기억이 없는데 idea를 good과 bad로 다시 나누니 thought이 쓰일 필요가 없겠네.

thinking에 thought가 포함되고 thought에 idea가 포함된다고 할 수도 있겠네.

idea는 능동적인 느낌도 있고 thought는 능동성이 없는 느낌이야.

thinking는 idea와 idea를 만들어 내기까지의 과정을 포함한 느낌이야. 그리고 생각은 세 단어와 모두 대응되는 단어라고 하기 보다는 thinking과 동의어라고 볼 수 있고 idea와 thought가 포함되기 때문에 같이 쓸 수 있다고 할 수 있겠네.
비교하자면 주소를 시단위로 부르는가 읍, 면, 동단위로 부르는가 정도의 차이로 이야기할 수 있겠네. 어디에 있냐는 질문에 지구라고 대답하는 느낌이야. 틀렸다고 하기 보다는 포괄적이라 거나 불분명하다고 할 수 있지.
그리고 나는 편향된 건 싫어해서 다음엔 반대의 경우를 이야기할 거야.
혹시 당신이 "영어는 구분이 분명하고 한국어는 불분명하다." 같은 멍청한 생각하는 걸 방지하고 싶은데 여기까지 읽기 전에 이미 했다면 어쩔 수 없다.
~배(거듭, 곱)를 번역한다면 times
~회(횟수)를 번역한다면 times
좀 더 사용 빈도가 높은 단어를 생각해보면 어떤 대상을 지칭할 때 사용되는 "그-", "저-", "이-"경우는 "한쪽이 다양하게 구분한다"라고 하기 보다는 "서로가 얽힌다"고 할 수 있다.
"그-"를 붙이는 경우 중에 하나는 대상이 말하는 사람을 기준으로 멀고 듣는 사람을 기준으로 가까울 때는 that가 맞겠지.
그런데 that는 듣는 사람은 중요하지 않아 말하는 사람을 기준으로 멀리 있는 대상이지. 그러니까 that는 말하는 사람과 듣는 사람 모두에게서 멀리 있는 "저-"가 포함되지.
"그-"를 붙이는 다른 경우는 실제로 가리킬 수는 없지만 가상으로 가리키는 무언가를 말하는데, 그 경우는 the를 붙인다.
"이-"를 붙이는 경우는 말하는 사람 가까이 있는 대상을 가리킬 때

이고 this와 유사하다.
"이-"를 붙이는 다른 경우는 앞서 말한 대상을 반복하여 이야기할 때인데 이 경우는 it로 이야기한다.
그리고 it은 "이-"로 번역되기도 하지만 "그-"로 번역되기도 하지.
요약하면 "그-"는 that 또는 it 또는 the로 번역된다.
That은 "그-" 또는 "저-"로 번역된다.
It은 "그-" 또는 "이-"로 번역된다.
"이-"는 it 또는 this로 번역된다.
영어공부가 목적은 아니니 여기까지 하자.
내가 직접 해본 적은 없는데 아마 전체적인 언어체계를 단어마다 번역관계를 선으로 그어가면서 비교해보면 어느 한쪽의 방향이 있는 게 아니라 아마 직전의 예시처럼 "구분이 다르다"가 가장 정확한 표현일 거야. 그 방향의 비율이 언어별로 좀 차이 날 수는 있지.
내가 제안하는 외국어 공부의 새로운 열쇠야. 그냥 문법이나 단어만 때려 넣기 보다는 언어체계 별로 구분이 다르다는 걸 먼저 이해하면 도움이 될 거야. 내가 느끼기엔 이쪽이 조금 더 직관적이고 이해하기 쉬운 거 같거든.
당신이 여기까지 이해했다는 전제를 두면 당신의 집중력을 올릴 수 있는 이야기가 생각났네.
내가 상식밖에 이야기를 하는 이유는 보편적으로 다른 인간들이 구분하지 못하는 걸 나는 구분할 수 있기 때문에 발견한 것들을 이야기하기 때문이야.
내 글들을 나눠서 보면 당신도 어디선가 한번은 들어봤을 법한 이야기들일 거고 대단한 건 없을 거야. 근데 내가 알기론 이렇게 조합해 놓은 인간은 없었을 거야. 그리고 나는 최대한 당신이 가지고 있을 만한 정보들이거나 없더라도 쉽게 얻을 수 있는 정보들을 이야기하고 있어. 당신이 쉽게 조립할 수 있도록.
다시 설명으로 돌아가서, 서로 다른 언어 체계간의 대화도 보통 통역, 번역이라는 과정이 하나 더 있지만 결국 인간들끼리 하는 이야기라 앞에 내용이랑 많이 겹치니 조금 방향을 바꿀 거야.
있는 단어를 사용하면 코딩(coding)이라고 하지. 근데 코딩하는 사람을 코더(coder)라고 생각했는데, 실제 사용은 규칙을 좀 벗어난 모양이네. 인터넷에 검색해보니 "코딩'만' 할 줄 아는 사람"을 코더라고 하는 모양이야. 단어를 멸칭으로 사용하네.
그런데 나는 "-er"이 "-하는 무언가"라는 의미로 적용되는 일반적인 영어규칙을 적용해서 코더를 "코딩하는 무언가"라는 의미로 이야기할 거야. 그러니까 내가 계속 해왔던 의미를 확장하는 게 내 의도인데, 더 풀어서 설명하자면 코딩을 한다면 모두 포함되는 거고, 예를 들자면 프로그래머도 포함된다고 할 수 있지.
코더랑 프로그래머가 뭐가 다른지는 알 필요 없어. 그건 중요하지 않아 인간이 기계와 의사소통 한다는 게 중요하지.
추가로 일반적인 화법으로 하자면 통역, 번역과 코딩은 똑같아. 내 방식대로 좀 더 정확히 말하자면 둘은 공통점이 있는데, 정보를 대상이 이해할 수 있는 형태로 변환해서 전달한다는 점이지.
여기까지 무슨 말인지 이해하기는 어렵지 않을 거라고 생각하는데 통역과 코딩의 공통점을 이해했다면 그 공통점을 표현하는 단어는 존재하지 않는다는 것도 알 수 있을 거야. 아, 그렇지 내가 모르는 것일 수도 있지. 그래서 검색을 해봤는데, 안보이니 없는 걸로 하고 일단은 코딩이란 단어로 대체하겠다.
그래서 내가 재미요소라고 생각하는 부분은 기계는 인간이 어떤 정보를 전달해도 저항하지 않아. 자해하도록 만들 수도 있지.
이야기가 이렇게 흘러왔는데, 지금 이야기하기에는 조각이 좀 부족해서 맥락을 끊어야겠네. 지금까지는 내 나름대로 그럴싸한 주제의 흐름을 만들었는데, 지금부터는 포기하고 그냥 마무리하는 게 낫겠다 싶다. 능력이 부족하면 인정하고 포기하는 것도 중요한 일이지. 코딩에 대한 이야기는 하다가 잘라버렸지만 요점은 통역을 확장한 개념이라는 거야.

4.2 독심술 2

독심술 다음 단계로 방향에 이어서 방향의 "범위"를 이야기할 것이다. 이것도 아마 당신은 모른 채로 당신이 이미 하고 있는 것이다. 글 단계에서 이야기한 구분과 오차를 이해했다면 범위라는 단어를 통해 이미 내가 뭘 말하려는지를 알겠지만, 이해하지 못했다면 구분과 오차를 이해하는데 도움이 될 것이다.
미리 결론부터 이야기하자면 구분에 의해서 생기는 정보의 크기라고 할 수 있지.
그래서 예시를 들 건데, 나는 지금 이 질문들에 정답을 원하는 것이 아니니까 당신이 떠오르는 대로 대답하면 된다. 당신이 가지고 있는 구분, 기준을 느끼도록 유도한 것이다. 거기에 타인과의 대화를 더할 수 있다면 좋다. 그 구분이 다 다르다는 것을 느껴라. 똑똑한 척 하느라 정답을 찾는 멍청한 짓은 안 했으면 좋겠다. 나는 대답을 바라고한 거니까.
①마우스 볼의 청소주기는 어느 정도가 적당한가?
②코끼리 상아의 길이는 어느 정도인가?
③팔과 어깨의 경계는 어디인가?
첫 번째는 볼 마우스를 직접, 간접적으로 경험한적 없는 사람은 대답보다는 마우스에 볼이 어디 있냐는 반문이 나오게 하는 질문이지. 대체로 어린 사람일 거고 아주 나이가 많거나 적은 경우에는 마우스 자체를 경험하지 않은 경우도 있겠지. 볼 마우스를 경험해본 사람은 대부분 30대~60대 정도에 몰려 있을 거야.
두 번째도 비슷한데, 나이가 어린 사람일수록 연상되는 코끼리 상아의 길이가 짧을 확률이 높고 나이든 사람일수록 길 확률이 높지. 그리고 이 사실을 알고 있는 대부분은 그 이유도 알지.
세 번째는 앞의 두 질문에 비해서 직관적인 경계를 묻는 질문이야. 누군가는 **뼈**로, 누군가를 근육으로, 누군가는 형태로 각자 다양하게 그 경계를 나눌 수 있지.
중간정리를 한번 하자면, 당신이 가지고 있는 모든 정보는 "경계"를 가지고 있는데, 그 경계를 파악, 설명, 변형하는 걸 내가 "구분"이라고 이야기하는 거야. 그리고 같은 대상에 대한 정보라도 모든 인간을 넘어 동물을 넘어 개체가 다 다른 경계를 가지고 있는데, 동일한 대상에 대해서 복수의 개체가 각각 수집한 정보의 차이를 오차라고 한 거야.
그리고 그 오차의 기준을 정보의 크기, 정보의 범위라고 할 수 있지. 의미와 비슷하게 쓰일 수도 있는데, 정확히 일치하지는 않아.
앞의 팔과 어깨의 예시가 비유하기 좋은 것 같네.
①팔과 어깨에는 실제 하는 경계가 없고 몸은 하나야. 그런데 우리는 가상의 "경계"를 만들어서 그걸 "구분"하지. 그렇게 경계를 통해서 팔의 "범위"가 형성되지. 그런데 인간마다 경계가 다르고 팔의 범위가 다르니 비교하면 오차가 생긴다는 말이지.
②하늘에는 실제 하는 경계가 없고 우주에 일부야. 그런데 인간들이 가상의 "경계"를 만들어서 그걸 "구분"하고 그렇게 경계를 통해서 하늘의 "범위"가 형성되지. 그런데 인간마다 그 경계가 다르고 하늘의 범위가 다르니 비교하면 오차가 생긴다는 이야기지.
③대한민국에는 실제 하는 경계가 없고 지구는 하나야. 그런데 인간들이 가상의 "경계"를 만들어서 그걸 "구분"하고 그렇게 경계를 통해서 대한민국과 조선민주주의인민공화국의 "범위"가 형성되지. 그런데 대한민국이 만든 경계는 북한을 반국가단체로 정해서 대한민국에 포함한 경계인 거고, 조선민주주의인민공화국이 만드는 경계는

남조선을 반국가단체로 정하고 조선민주주의인민공화국에 포함한 경계라서 두 구분에 오차가 존재한다.
이야기한적 있지만, 이미 당신 내면에서 일어나고 있는 일이다.
이해했다면, 당신 스스로 내면을 꽤 선명하게 볼 수 있을 거야.
직전의 예시 ①, ②, ③은 인간의 구분 중에 단순한 편에 속하고, 많이 복잡한 경우의 예를 들면 인간의 얼굴을 예쁘다고 표현할 때, 하나의 선을 넘어서 예쁨이 결정되는 것이 아니라 표현 대상인 얼굴, 넓게는 전신의 모든 요소들의 형태가 모여서 그 조합으로 예쁨이 결정된다.
독심술 두 번째 단계는 여기 까지다.

4.3 마찰

이 부분은 특별히 중요한 부분인데, 한 번에 다 풀어 놓기에는 많이 불편한 부분이라고 예상해서 이 책을 쓰는 동안 추가로 경계를 긋고 구분해서 만든 개념이다. 그리고 이미 "머리글.3"으로 이야기한 부분이다.

머리글. 3

누군가가 "이해해라"라고 하면 내가 "이해는 하지만 받아들이는 건 다른 일이다." 라고 대답했던 경우가 내 기억에 몇 번 있는데, 이런 경우를 돌아보면 이해와 받아들이는 것을 구분해서 이야기하는 건 흔치 않아. 보통 이해하고 받아들이고 용서하는 것을 포함해서 "이해해라"라고 이야기하지 "이해하고, 받아들이고, 용서해라"라고 따로 이야기하는 경우는 비교적 드물거든. 근데 나는 그걸 구분해서 표현했고 그 표현을 듣는 사람이 이해했다는 점이 돌아보니까 좀 이상했단 말이지. 추가로 이런 일이 있었다고 이야기를 하면 그때도 듣는 사람이 내가 뭘 이야기하고 싶어 하는지 이해했다고 할 수 있다.
앞의 내용을 풀어 놓으면서 또 떠오른 게 있는데, 이건 비교적 흔한 표현일 거야.
"머리로는 이해하지만 가슴은 그렇지 않다."
그래서 나는 이게 충분히 상식이라고 할 수 있는 수준이고 다른 인간들도 구분할 수 있으리라 판단해. 이해와 수용이라고 어렵지 않게 구분해서 이해하고 수용할 수 있을 거야.
당신이 이 책을 수용하는 건 기대하지 않는다. 하지만 이해정도는 시도해 보기를 바란다.

이해와 수용에서 이 둘을 나누는 경계를 마찰이라고 할 것이다.
물리적인 공간에 비유하자면 "마찰이 클수록 힘이 운동으로 전환되기 힘든 것처럼, 마찰이 클수록 이해가 수용되기 어렵다."는 게 내 의견이다.
애초에 마찰이라고 이야기하는 이유는, 지금까지 해왔듯이 새로운 단어를 만들지 않고 이미 있는 단어에서 비슷한 느낌으로 찾아서 선택했다.
일단 지금은 있다는 것만 이야기하고 끝내도 충분할 거야. 이해와 수용사이에 무언가 있다는 건 상식 수준이라고 믿고, 이름 붙여서 존재 유무만 분명해질 수 있다면 충분해. 그리고 쓰면서 좀 이상한 느낌이 있었는데 경계라는 단어가 유독 좀 읽는 사람이 이해하기 힘들게 만드는 느낌이 드는데, 그것도 내가 말하는 경계는 상식적인 경계는 아니어서 그렇지. 그래서 경계를 이야기하려고 하는데 그전에 다른 이야기를 먼저 거쳐 가는 게 좋겠네.

4.4 복잡함

내가 조증 이후에 내 판단의 중심 역할을 하는 요소인데, 당시에 정신이 온전치 못할 때의 표현은 "그 어떤 문도 단 하나의 열쇠로는 열리지 않는다."였지. 지금도 괜찮은 표현이라고 생각하고, 가끔 사용하지만 암시적, 비유적 표현이라고 할 수 있는데, 여기서는 명시적, 직접적으로 할 거야.

먼저 나비효과에서 시작할 건데 나비효과의 나비와 태풍을 상상하고 둘 사이의 과정을 생략하면 그 생략된 과정이 상징하는 것이 카오스 이론이라고 할 수 있겠지.

그 상태에서 시점을 옮긴다고 상상한다. 태풍을 중심으로 태풍과 나비를 내려다본다. 그 때의 시야 안에는 가운데 태풍 하나와 구석에 나비 하나가 전부이다. 나비와 태풍을 제외하고 생략된 모든 공간이 변수이며 각 공간에 얼마나 많은 변수가 있는지 도 알 수 없고 그 변수들이 각각 얼마나 큰 영향력을 가지는지 알 수 없다는 것을 알아차리는 것이 내가 이야기하고 싶은 복잡함이고 우리가 매 순간 처하는 현실이다. 이걸 과학에서는 복잡계라고 부르고 철학에서는 구조주의라고 부를 거야.

지금이 "왜 딜레마는 멍청한 질문인가?"에 대해서 이야기하기에 좋은 시점으로 느껴지네. 잘하면 두개가 한 번에 해결되겠군.

내 기억 안에서 내가 접한 최초의 딜레마는 죄수의 딜레마인데, 내용은 아래의 상황이다.

두 명의 사건 용의자가 체포되어 서로 다른 취조실에서 격리되어 심문을 받고 있다. 이들에게 자백여부에 따라 다음의 선택이 가능하다.

①둘 중 하나가 배신하여 죄를 자백하면 자백한 사람은 즉시 풀어주고 나머지 한 명이 10년을 복역해야 한다.
②둘 모두 서로를 배신하여 죄를 자백하면 둘 모두 5년을 복역한다.
③둘 모두 죄를 자백하지 않으면 둘 모두 6개월을 복역한다.

읽으면서 든 생각인데 내가 실수를 했네. 딜레마는 멍청한 질문이 아니라 딜레마에서 정답을 찾는 짓이 멍청한 짓이야. 잘 구분하기를 바라는데, 개인적인 답을 생각해 보는 건 좋을 수도 있겠지만 그게 아니라 집착적으로 정답을 찾는 게 멍청한 짓이고, 그 부분을 이야기할 거야.
이렇게까지 내가 환경을 만들었으면 당신이 스스로 답을 낼 수도 있어. 잠깐 고민하는 것도 좋다고 생각해. 고민하는 쪽을 배려해서 답은 좀 거리를 두고 적는 게 좋겠지.
먼저 내용을 보면 죄수가 둘인데 하나는 자신이니까 제외하고 나머지 하나의 죄수에 대한 정보가 하나도 없는데, 다른 변수는 다음 순서라고 두더라도 "두 죄수 간의 신뢰도"는 굉장히 영향이 큰 변수거든. 그런데 그 변수의 범위 제한조차도 없이 무한한 경우의 수로 두고 어떻게 정답을 설정이 가능한지에 대해서 이야기할 거고, 지금 가정하는 대상이 무한한 경우의 수라서 오차는 포기하고 설명을 위해서 단순화를 우선해 표현할 거야.
나비효과에 비유해서 이 상황을 보면 지금 내가 죄수로 설정된 상황이 나비라고 할 수 있고 태풍이 자백 또는 침묵의 선택이라고 할 수 있겠지.
그 사이를 억지로 메우다가 다 메우는 건 불가능 하니까 그만둘 거야.
나는 결과에서 풀어오는 쪽이 좀 쉽다고 생각해서 최종요소를 생각해보면, 공범을 신뢰해서 침묵을 선택하거나 불신으로 자백을 선택하는 게 단순히 볼 때 가장 결과에 밀접해 보이거든. 여기서 한 단계 더 뻗어 나가면, 신뢰하면 무조건 침묵을 선택하게 될지를 의심할 수 있지. 신뢰하지만 누군가의 청탁, 의뢰, 고문, 협박 등의 외력에 의해 배신할 수도 있고, 신뢰는 하지만 최면, 정신병, 세뇌 등으로 정신이 온전치 못 할 수도 있지. 마찬가지로 불신도 다른 조건에 의해서 선택을 바꿔 놓을 수 있지.

직접적인 요인인 신뢰도만이 아니라 다른 환경이 선택에 영향을 준다는 점이 이해된다면 그 환경 뒤에 또 다른 환경이 있을 수가 있고 다시 선택에 영향을 줄 수 있다는 점이 이해가 갈 거야. 태풍의 원인을 따라가다 보면 나비가 나올 수도 있다는 거지.

그리고 이건 가상의 설정이고 선택을 방해하는 변수는 끊임없이 가져다 붙일 수 있는데, 실제로 딜레마 같은 문제로 대화를 나누면 주로 나타나는 대화의 흐름이, 서로 가정하고 서로 상황을 추가하면서 끊임없이 답을 망설이게 만들지. 예를 들자면, 먼저 주어진 상황과 필요한 결론 사이의 그럴 듯한 인과를 생각해보는 거야.

첫 번째 가정을 해보면 5년 이상의 형량이 나올 만큼의 범죄를 같이 실행할 정도라면 서로 굉장히 큰 신뢰를 가지고 있을 것이다. 이 가정이 사실이라고 치더라도 얼마든지 선택을 방해할 수 있는데 예를 들면 "공범이 가족을 납치해서 협박하고 있다."는 가정을 또 추가하면 얼마든지 선택에 영향을 줄 수 있지. 보통은 납치에 몸값을 요구하는 게 일반적이지만 억지로 인과가 성립되도록 다듬어 보자면, 납치를 하고 보니 몸값으로 요구하기에 만족스러운 재산이 없었고, 사람이 없어서 실행하지 못했던 계획을 실행하기로 했다는 식으로 얼마든지 가져다 붙일 수 있는 거야. 애초에 이런 식의 질문은 비유하자면 무한히 펼쳐진 백지이기 때문에 진심으로 정답을 찾으려고 아무리 노력해봐야 창작활동 밖에 되지 않아. 하지만 내가 복잡함은 우리가 매 순간 마주치는 현실이라고 했는데, 이 상황이 현실에서 실현된다면 분명히 공범자와 나는 공유하는 경험이 있고 그에 따라 신뢰도가 형성되며, 나를 취조하는 수사관의 인성이나 내가 취조 중인 방의 도색 상태와 벽지상태, 내 손목에 채워진 수갑이 얼마나 조여져 있는지, 내가 지금 고민하는 순간 목이 얼마나 타는지, 가족에게 이 사실이 알려지는 것이 얼마나 두려운지, 아니면 이미 알려져 있는지, 내가 들이 쉬고 내쉬는 공기의 온도나 밀도, 습도는 어느 정도인지, 취조실의 크기는 어느 정도인지 건물은 어느 정도의 크기인지, 건물의 시세는 얼마인지 건물의 위치는 어딘지, 그 지역의 범죄율은 얼마나 되는지, 나를 취조하는 수사관이 나를 몇 번째로 취조하는지 글로는 다 표현할 수 없이 많은 요소들이 다 차 있을 거야. 앞의 비유를 반복하면 무한히 펼쳐져 있지만 빈틈없이 빼곡히 채워진 완성된 그림이라는 거지. 안타깝게도 다 알 수는 없지만. 읽는 사람의 거부반응을 몇 가지 예측해 보자면 내 가정이 너무 터무니없다고 한다면 딜레마로 설정된 상황자체가 모든 인류가 통틀어도 경험자가 몇 안 되는 터무니없는 상황이고, 설정된 상황이 상황 그대로가 아니라 상징적인 표현이라고 한다면 상황으로 설정된 몇 안 되는 상수마저 변수가 되니까 답은 더 멀어지네. 미지수가 x개거나 x+1개거나 x를 알 수 없으니 정답은 알 수 없는 거니까 별 차이는 없겠네.

나도 게임이론의 상징이라는 건 알아. 내가 가위를 내는 걸 상대가 예상하고 바위를 내는 걸 내가 예상해서 보를 내는 걸 예상해서 상대가 가위를 내는 걸 예상하는 식으로 애들이 하는 거. 가정에 가정을 더하고 거기에 또 가정을 더하고 또 가정을 더하는 일이지.

당신이 이 책의 이 지점을 읽는 상황에서 가장 중요한 점은 변수가 바뀔 때 마다 당신의 선택이 변한다는 점을 알아차리는 거야. 나는 당신이 내면을 들여다보도록 계속 유도하고 있으니까.
하나만 더 간단하게 해보자면, 검색하니 트롤리 딜레마가 나오네.

제동장치가 망가진 기차가 선로 위를 달리고 있다. 선로 위에는 5명의 사람이 있어 선로를 바꾸지 않으면 5명이 죽게 되고 선로를 바꾸면 5명은 살지만 바꾼 선로에 있는 사람 1명은 죽게 된다. 분기기 스위치는 당신 앞에 있다. 스위치를 어떻게 할 것인가?

앞에서 한번 설명했으니까 결론을 먼저 설명하자면 이런 상황은 발생하지 않아. 내가 선로를 바꿀 수 있다는 점과 제동장치가 망가졌다는 정보를 내가 가지고 있다는 점으로 유추하자면 주어진 상황 속의 나는 역무원이겠네. 역무원이면 오기도 한참 전에 소식 알 수 있을 것이며, 이미 예방할 수 있을 것 같은데? 역무원을 안 하면 이런 상황을 피할 수 있을 거고 반대로 역무원이 하고 싶은 친구들은 각오가 필요하겠네.
그래 나도 알아. 그게 아니라 암시적인 의미로 "의지를 가해서 많은 사람을 구하거나 생사에 개입자체를 하지 않을 것인가?"를 묻는다면 지금 내가 드는 첫 번째 생각은 "그렇게 묻고 싶었다면 명시적으로 그렇게 질문했으면 됐을 텐데?"지만 곧이어 드는 생각은 저 딜레마를 만든 인간은 자기 나름대로 치밀하게 설정한 결과일 거야. 하지만 현실의 복잡함을 인지 못해서 생기는 일이지. 어쩌면 명시적으로 전달이 안 돼서 가볍게 비유했는데, 별 쓸데없는 이야기가 난제라고 소문났을 수도 있지.

잠깐 정신을 환기하고,

여기까지는 결과에 초점을 맞춰서 이야기했는데 원인으로 초점을 옮길 거야.
앞의 트롤리 딜레마를 설정한 인간이 상상도 못했을 답을 하나 만들어 보자면 저 상황에 처한 사람이 심신미약자라면 상황에 지나치게 몰입하고 죄책감을 못 이겨서 본인이 직접 선로에 뛰어 들 수도 있어. 질문자는 전혀 그런 의도가 없었을 거라고 생각하지만 의도대로만 되지 않는 게 현실이지.
그걸 내가 정신이 온전치 못할 때, "그 어떤 열쇠도 단 하나의 문만 열지 않는다."라는 표현을 만들었었지.
앞의 암시적인 표현을 명시적으로 요약해 보자면 어떤 일을 실현했을 때 의도했던 일만 일어나지 않는다고 할 수 있겠네.
단순한 비유로 나비효과에서 시작하면 나비의 날개 짓이 수백, 수천 개의 태풍을 만들고, 가뭄도, 홍수도 만들 수도 있다는 이야기야.
앞의 죄수의 딜레마를 다시 이야기해보면, 해당 상황 뒤에 무슨 일이 일어날지 몰라서 적은 형량만 받으면 모든 일이 다 잘 풀릴 것만 같지만 각 형량은 그 뒤에 어떤 후폭풍을 일으킬지 알 수 없고, 트롤리 딜레마의 경우엔 어떤 선택이 더 많은 비난을 받을지 알 수가 없지.
다시 결론을 이야기하자면 딜레마만이 아니라 매순간 처하는 현실이 그렇다.
정답은 알 수 없다. 조금 더 정확히 말하자면 인간은 정답을 알아낼 정도로 정교하고 복잡한 계산을 할 수 없다는 표현이 맞겠지.
딜레마는 변수가 부족해서 정답을 낼 수 없다고 했는데, 현실은 변수가 주어져도 모든 변수를 알 수 없고 얼마나 많은 변수가 영향을 끼칠지 알 수 없다. 마찬가지로 정답은 알 수 없다. 흔히 알만한 말로는 새옹지마라고 하지.

이런 이야기 자체를 접한 적이 없다면 거부감이 좀 들 수도 있는데, 현실이 이렇게 복잡하니 깊은 고민이 필요하다는 이야기는 아니다. 이 이야기가 이 책에 꼭 필요한 이유는 현실이 복잡하니 그만큼 신중한 고민을 권장하는 것이 의도가 아니다. 현실에 포함되는 조울증도 마찬가지다. 마치 요정이 소원을 들어준 듯이, 마치 시간을 칼로 자른 듯이 어느 순간 갑자기 변하기를 바라는 것은 정신건강에 해롭다. 조울증을 치료할 수 있는 마법의 주문은 없다. 비유하자면 조울증이라는 문을 열고 지나가기 위해서는 여러 열쇠가 필요하다.
가끔 하나로 열리는 듯한 느낌을 받을 수도 있지만 유별나게 큰 영향력이 큰 열쇠가 있기도 하고, 내가 무슨 열쇠를 가지고 있는지도 모르는 등의 이유에서 비롯되는 착각이다. 이 사실을 이해하고 수용하지 않는다면, 당신은 계속해서 단 하나의 정답만 기다릴 것이다. 그리고 나는 복잡함을 외면하는 그 자체로 직접적이지 않지만 간접적으로 굉장히 큰 영향을 준다고 판단한다.
이 부분을 이해했다면 지금까지 내가 말을 애매하게 했던 상황들이 조금 이해될 거야. 예를 들자면 확률이나 가능성으로 이야기하는 부분들이지.
이제 그렇게 안 할 거라는 이야기와 함께 재미있는 행동패턴을 하나 이야기할 건데, 요약하자면 "무식한 인간의 자신감과 배운 인간의 망설임"이다.
앞서 내가 복잡함을 이야기한 만큼 "무식한 인간의 자신감과 배운 인간의 망설임"이 모두 복잡함을 기준으로 나타나는 패턴은 아니야. 그리고 배움만을 기준으로 하지 않아.
"무식한 인간의 자신감과 배운 인간의 망설임"중에 복잡함을 영향으로 하고 배움을 기준으로 해서 나타나는 부분이 있는 거지.
설명으로 돌아가서, 어떤 지식을 깊게, 다방면으로 파헤쳐 본 사람들은 그 요소들의 복잡한 얽힘을 실제로 접하기 때문에 그냥 경험상 복잡함이 체득되는 것 같아. 그런 사람들이 설명을 할 때, 상대방이 소수인 경우에는 대화를 통해서 상대방의 지식수준을 고려해서 설명할 수 있는데, 다수인 경우에는 그 지식수준의 폭과 편차가 크기 때문에 그럴 수도 있고 소수라도 시간이 충분하지 않다면 방대한 내용에서 생략할 것과 설명할 것을 선택하는 부분에서 망설임을 겪는 거고 반대로 무식한 인간은 자기가 아는 방식이 표준이고 전달이 안되면 상대방이 잘못된 걸로 규정하는 식으로 굉장히 단순한 처리과정을 나타내지.

일상에서 볼 수 있을 법한 예시를 들자면, 직장, 학교, 모임 등의 어느 집단에 입문자나 신입에게 설명하고 모르면 상대방을 멍청하다고 규정짓는 것이 무식한 인간의 자신감이고, 복잡한 설명을 최대한 생략하기 위해 먼저 질문으로 상대의 수준을 파악하는 것이 배운 인간의 망설임이다.

누구나 나서서 이야기할 수 있는 세상이 되니 이런 패턴이 눈에 띄어서 말이지. 이 현상으로 파생되는 현상이 있는데, 무식해도 자신감을 갖추면 사람들이 신뢰를 하게 되는 게 신기했거든.

이제 이걸 알게 된 사기꾼들이 어디서부터 설명할지 고민하는 척하는 패턴도 볼 수 있겠네.

애매하게 이야기하지 않겠다는 표현을 조금 더 풀어서 이야기하면, 지금까지는 최대한 현명하게 이야기하려고 시도했지만, 그 이유를 설명했으니 지금부터는 무식한 인간 답게 용감히 이야기하겠다는 거지.

여기까지 이야기를 당신이 이해했다면 오차에 대해서 깊이 이해했기 때문에 오해가 현저히 줄어들 거라고 믿고, 내가 그냥 생각나는 대로 마구 가져다 붙인 글은 아닌 걸 이해할 거라고 믿고, 나는 그 현실의 얽힘을 이해하고 작은 오류에도 이 책의 신뢰도가 떨어진다는 걸 안다는 점을 당신이 이해하리라 믿고, 현실의 얽힘을 알기 때문에 억지로 역지 않았음을 당신이 이해하리라 믿고, 내가 사실에 집착적인 인간임을 이해하리라 믿고, 내 이야기가 틀려 보인다면 당신이 내 의도대로 이해하지 않았음을 당신이 알아차릴 수 있다고 믿는다. 내 뜻을 온전히 수용하지는 못하더라도 이해하리라 믿는다. 하지만 내 이야기를 맹목적으로 받아들이지 않으리라 믿는다.

아직은 이런 식의 표현이 모순으로 느껴져서 받아들이기 어렵겠네.

4.5 믿음

결론부터 이야기하자면 "앎은 믿음에 포함된다."거든. 내가 보기에 앎과 믿음의 경계는 정도의 차이고 다르게 표현하면 앎은 강력한 믿음이야. 믿음의 정도가 예외를 찾을 수 없는 수준에 이르면 시공간을 벗어난 진리라고 믿지.
그런데 관측을 우선해보면 지금 시점에서는 시공간을 벗어나서 관측이 불가능하니까 사실은 알 수 없다고 인정하는 게 옳지 않을까? 그리고 지금은 내가 책 내용을 채우는 단계지만 출판까지 아주 길게 5년으로 잡아도 그 사이에 시간, 공간 둘 중 하나라도 인간이 벗어 날 수 있는 기술이 생길 거라고는 믿기 힘드네.
조금 다르게 설명하자면 내가 시간이라는 변수는 사실을 추론하는데 굉장히 유용하다고 했었는데, 지금의 내가 보기에 우리가 지식, 학문, 과학이라고 부르는 대상은 "지금까지 반복된 현상이 미래에도 반복될 거라는 믿음"이거든.
그러니까 예를 들면, 지금까지 계속해서 모든 물체는 서로 당기는 힘이 있었다는 건 이해했는데 내일은?
전자라는 친구가 짜릿한 성질이 있었고 밀거나 당길 수 있었다는 건 이해했는데 내일도 그 성질이 있는 게 맞는 건가?
인간이 가진 모든 지식은 "내가 봤어.", "누가 봤다더라.", "내가 해봤어.", "누가 해봤다더라."를 벗어나는 게 없어. 모두 인간의 경험을 누적한 것뿐이야.
 그런데 앞에서 이야기 했듯이 인간은 시공간을 초월할 수 없기 때문에 있었던 정보를 누적하는 게 최선이지.
분명 앎과 믿음을 구분해서 사용하긴 하니까 그 경계를 잘 살펴보면 예외를 포함 하는가 아닌 가야. 그러니까 미래에 어떤 일이 생길 것이라고 기대하며, 예외를 불가능하다고 판단할 때는 앎이라고 하고, 예외가 생길 수도 있지만 기대하는 일이 생기기를 기대하면 그건 믿음 인 것 같거든. 어떤 사람들을 보면 앎 같은 믿음도 있고 믿음 같은 앎도 있으니 정확한 경계는 아니긴 해.

내가 책 초반부에 글을 읽는 당신에게 공통점을 찾기를 바란다고 부탁한 적이 있는데, 이번에는 반대로 예외를 찾아보기를 부탁해. 내가 보기에 인간의 모든 미래 예측의 근거는 "지금까지 그래왔으니까 앞으로도 그럴 것이다."를 벗어나는 게 없었거든.

어쩌면 사실이 아닐 수도 있는데 내 상태가 안 좋아서 악착같이 외면하는 중일 수도 있거든. 사실은 이 세상을 제작한 사람? 신? 무언가?가 만들어 놓은 우주의 규칙이 있고 그걸 인간이 발견했지만 한 번에 다 노출되기엔 충격적이어서 천천히 공개하는 중인데 내가 모르는 걸 수도 있잖아?

앞의 문장은 재밌게 됐네. 문자 그대로 표현되는 게 내 진심이지만 비아냥댄 것도 사실이니까. 나한테는 우주의 규칙이 적힌 책보다는 내가 제 정신이라는 게 조금 더 신빙성 있거든. 당신은 어때?

이 부분도 굉장히 거부감을 크게 일으키는 요소가 될 수도 있지만, 내가 믿음에 대한 내용을 쓰는 동안 만들어낸 재미있는 놀이를 당신은 할 수 있게 됐어. 소크라테스 놀이라는 건데, 다른 사람들은 자기가 모른다는 걸 모르는데 당신은 이제 모른다는 걸 알게 됐어. 그게 다야. 그냥 즐겨. 재미있지 않나? 소크라테스를 양산해내는 책이라니. 이건 비아냥이 아닌 진심이야.

아, 그렇지. 모른다는 것도 정확한 표현은 아니야. 자신의 믿음이 사실인지 아닌 지도 확인할 수 없는 게 인간의 처지니까. 사실일 수도 있는 거지.

4.6 상호작용

결론부터 시작하면 "인과는 과거에 있었던 것이고, 미래에는 상호작용이 있을 것이다."인데 이 부분은 복잡함과 믿음을 수용하지 못하면 이해하기도 힘들 거야.

조금 풀어서 쓰면 과거에 있었던 일을 돌아보면 일어난 일이고 바꿀 수 없기 때문에 마치 멈춰 있는 그림 같아서 그 형태가 순서대로 보이지만 미래는 그 순서가 안정해져 있다는 거지. 두 개가 두 묶음 있으면 네 개가 되기도 하지만, 네 개를 두 개로 나누면 두 묶음이 되지. 그러니까 상식적으로 인과를 생각하면 공부를 열심히 하면 성적이 오르겠지. 하지만 현실은 공부를 안 했지만 시험이 쉽게 나왔고 성적이 올랐는데, 그에 대한 주변의 반응이 굉장히 만족스러우면 계속해서 성적을 올리기 위해서 공부를 하게 될 수도 있다는 거지. 그리고 어쩌다 한번 공부를 열심히 했지만 갑자기 시험이 어렵게 나와서 오히려 성적이 떨어져서 세상을 비관하고 평생 공부를 손 놓게 될 수도 있다.

인과는 있었던 일이고 미래는 정해진 이야기가 아니야.

내가 이 이야기를 하는 과정은 상식적이지 않았지만 내가 궁극적으로 이야기하려는 미래가 정해지지 않았다는 건 상식적인 이야기 아닌가?

나비효과를 다시 이용해보면 태풍이 나비를 날개 짓 하도록 만드는 게 오히려 상식적인 이야기야.

조금 다르게 표현해보자면 앞서 이야기한 복잡함은 현실의 얽힘이라고 다르게 표현할 수 있고, 나비효과는 얽혀 있는 현실을 사건 단위로 나누고 그 과정만 표현한다고 할 수 있고, 지금 이야기 중인 상호작용은 과정의 방향이 정해지지 않았다는 표현이지.

복잡함을 기준으로 구분과 경계를 이야기하면, 구분과 경계는 서로 얽혀 있어서 따로 존재할 수 없다고 표현할 수 있고, 카오스 이론은 구분이 생기기 위해 경계가 형성되는 과정을 설명하는 방식으로 표현할 수 있고, 상호작용은 하나의 대상에 대해 구분의 필요를 느끼고 경계를 그어가는 방식으로 뒤집어 표현할 수 있지.

경계의 예시였던 "예쁘다"라는 표현을 예로 들어 이 단어가 지금 어떻게 쓰였는지, 어떻게 쓰이고 있는지를 생각해보면 어떤 대상의 모양이 보기에 좋았고 그 느낌을 "예쁘다"고 표현하기로 약속했다.

그래서 대상이 보기에 좋다고 느껴진다면 예쁘다고 표현했다.

무언가가 보기에 좋다고 느끼는 기준이 사람마다 다르고 오차가 생기겠지.

점점 시간이 흐르면서 생긴 현상은 예쁘다는 표현에 오차가 커지니, 혼란이 생기고 혼란을 바로잡기 위해서 무엇이 예쁜지를 규정하기도 했었다. 그렇게 무엇이 예쁜지를 정해 놓으니 공감하지 못하는 사람들의 반발이 생기고 다시 자유롭게 보기에 좋다면 예쁘다고 할 수 있게 되지. 예쁘다는 표현만이 아니라 어떤 가치관을 대입해도 대부분 사실일 정도로 인간의 기록상에 빈번히 반복되는 패턴이다. 집단을 하나로 묶기 위해서 규칙을 정하고, 그 규칙을 억압으로 느끼는 인간들이 많아지면 엎어지고 엉망이 되면 다시 규칙을 정하지. 앞에서 내가 딜레마를 통해 정답을 찾는 일은 멍청한 일이라고 이야기한 이유 중에 하나다.

앞에서 내가 개인이 무언가를 정의하는 일이 멍청한 일이라고 이야기한 이유 중에 하나다.

그리고 나는 개인이고 멍청한 일이 어떤 일인지 정의했네.

상호작용도 이미 당신이 아는 이야기 일거야.

행복하면 웃는 것도 사실이고 웃으면 행복해지는 것도 사실이야. 웃기 위해서 행복할 때까지 기다릴 수도 있고, 행복해질 때까지 웃을 수도 있지.

4.7 중간 정산

책 내용의 전반, 특히 복잡함부터는 특히 흐름이 급격하게 느껴질 수 있는데, 나는 그렇지 않아. 그 차이는 익숙함에서 오는데, 나는 정신 안 놓치려고 현실이 어떤 지를 계속해서 되뇌면서 살거든. 그런데 당신의 기본 값인 상식과 현실은 달라. 당신에게는 낯선 사실들이 거부반응이 계속 생길 거야. 그러니까 비유하자면 공주인줄 알았던 신데렐라가 눈앞에서 마법이 풀리고 거지꼴이 된 걸 보는 중이야. 상식은 과하도록 예쁘게 꾸며진 면이 분명히 있거든. 상태가 안 좋아지는 걸 느낀다면 쉬어 가면서 천천히 읽으면 될 거야.
그리고 이게 끝이 아니라 거부반응은 더 심해질 거야. 거부반응이 심하다면 언제라도 책을 집어 던지길 권장해.
잠깐 뜸을 들이자면 아래는 경고를 하고 싶지만 당신이 여기까지 읽었다면 경고는 의미가 없어. 당신이 이 책의 내용을 수용하는데 정신적으로 문제가 없거나, 그냥 내키는 대로 행동하는 사람이거든. 그래서 내가 예고하는 건데, 거부반응이 심하다면 위협적으로 느껴질 수도 있어.
다시 말하지만 나는 예고를 할 건데 거부반응이 어떻게 나타나는지를 이해하려면, 먼저 지금까지의 내용을 모두 이해해야 가능해.
아마 내가 이야기하지 않아도 당신은 이미 느꼈을 지도 몰라. 이 책의 내용은 현실이야. 그리고 하나의 덩어리고, 읽으면서 내 내면에 있는 덩어리가 당신의 내면에 복사되는 중이야. 그래서 이걸 다 읽고 다 이해했는데 일부만 수용하는 건 아마 문제가 될 거라는 게 내 예상이야. 내가 이 책을 쓰기 전부터 걱정하던 부분인데, 일부만 수용하게 되면 비어 있거나 조화에 문제가 있는 부분은 왜곡하게 될 거고 현실 개념이 망가질 수도 있다는 점이야.
요점으로 돌아가서, 비유하자면 나는 지금 당신이 입고 있는 환영의 드레스가 사실은 누더기라는 걸 알리고 있는데, 그 상상의 드레스를 계속 입고 취해 있을 것인지, 입고 있는 옷이 누더기라는 걸 수용하고 현실을 살아갈 것인지는 당신의 선택이다. 그런데 본능적으로 그 수용에 대해서 지속적으로 거부감을 일으킬 것이다. 모두 수용하고 환영의 드레스를 당신이 직접 찢을 자신이 없다면 나는 당신이 그만두기를 바란다.
그렇지, 당신은 아마 아주 높은 확률로 조울증이라는 코드 때문에 이 책을 읽고 있을 텐데 제목에 비해서 내용은 조울증이라는 단어의 언급이 많이 적었네.
지금까지의 내용을 조합해서 조울증을 이야기해보면, 여전히 핵심은 같아. 내가 세상에 적응하거나 세상을 나에게 적응시키는 건데, 복잡함을 이해했다면, 모든 일을 세상에 맞추거나 모든 일을 당신에게 맞춰야 하는 게 아니라 어떤 일은 내가 세상에 맞추는 거고 어떤 일은 세상이 맞추는 거겠지. 미래는 무슨 일이 생겨도 이상하지 않게 비어 있다는 것을 이해하면 내가 세상에 맞추던 일이 어느 날 세상이 맞춰 줄 수도 있는 거고 세상이 맞춰주던 일이 어느 날부터 내가 맞춰야 하는 일이 될 수도 있지. 나비효과를 이해했다면 당신이 지금 생존하고 있다는 자체가 굉장히 많은 일들이 당신에게 맞춰져 있다는 것도 알아야. 새옹지마를 이해했다면 지금 세상이 당신에게 맞추길 바라는 부분이 당신이 그리는 대로 이루어 지지 않을 수 있다는 사실도 알아야지. 마치 원숭이 손처럼.
생각보다 조울증의 윤곽을 빨리 표현했네.

5. 행동

이 전에 인간이나 기계를 대상으로 한 의사소통에 대해서 이야기하고 있었는데, 내가 맥락을 끊었던 부분은 비교하기에 적절하지 않다고 할 수 있다. 인간을 대상으로 한 의사소통을 대화로 놓는다면 기계를 대상으로 한 의사소통도 대화로 놓는 쪽이 좀 더 비슷하겠지. 반대로 기계를 대상으로 한 의사소통을 코딩으로 놓는다면 인간을 대상으로 한 의사소통은 뇌에 직접 정보를 쓰거나 읽는 방식이 조금 더 비슷하겠지. 뇌수술은 내가 이야기하기 어려워서 대화를 비교해보면 기계는 대화 중의 학습 자체가 제한되어 있다. 상대방이 어떤 대답을 원하는 지만 학습이 가능하다. 원하는 바를 학습하면 가지고 있는 정보를 상대에게 알려준다. 가지고 있는 정보는 사람이 조절한다. 그 제한을 풀려면 풀 수 있겠지만 인간은 스스로 제어하니까 그 부분자체가 큰 차이점인데 기계가 스스로 하도록 가르치기엔 사람도 스스로 어떻게 하고 있는지 모르는 게 사실이다. 그 내면이 지금까지 하고 있는 이야기들이 향하고 있는 곳이다.
상식에서 벗어난 미친 이야기를 이해시키기 위해서 점점 더 미친 이야기를 해야 하니 나도 손이 머뭇거리는데, 지금까지의 이야기를 미친 이야기로 받아들이지 않았다면 뒤의 이야기도 충분히 가능하리라 예상해.
내 입장에서는 시도도 안하고 매장하기에는 아까운 이야기거든.

5.1 독심술 3

담배를 피면서 담배를 끊고 싶다고 이야기하는 사람은 담배를 피고 싶은 것일까? 끊고 싶은 것일까?
상식은 둘 중에 하나를 선택하게 만드는데, 내가 보는 현실은 "둘 다"이다. 조금 더 풀어서 설명하면 "둘 다 원하지만 담배 피는 쪽이 더 하고 싶은 것"이라고 할 수 있지. 지금 당신 사고 과정이 좀 엉켜서 모순으로 보일 수도 있는데, 풀어 줄게.
첫째로 두 가지를 하고 싶을 수는 있어.
예를 들자면 나는 경제활동을 다 그만두고 부랑자가 되고 싶을 수도 있고, 현재의 삶을 유지하고 싶을 수도 있어. 이건 전혀 모순이 아니고 흔히 일어나는 일이야. "고민"이라고 하지. 여기서도 시간이 유용한 변수가 되는데, 이 두 가지 선택지를 다른 시간대에 둘 다 실현할 수는 있어. 그런데 어떤 정해진 시점에 두 가지를 같이 실현하는 건 불가능해. 하나의 몸에 하나의 실현만 가능하거든 그래서 우리는 "선택"을 통해서 다른 선택지는 포기해. 그 결과가 담배 피는 걸 선택하고 끊는 걸 아쉬워하기로 선택했다는 이야기야. 물론 내 독심술은 거짓을 배제했을 때 성립하는 이야기야.
내면이 하나의 의견으로만 이루어져 있거나 압도적으로 편향되어 있다면 다른 선택지에 대한 고민이나 아쉬움은 나타나지 않는다는 이야기지.
담배와 비슷하게 흔히 갈등을 겪는 일이라면 체중조절이 이야기하기 좋겠네.
이번엔 반대방향으로 이야기할 거야.
단순하게 시작하면 체중이 계속 늘어나는 사람은 소모되는 양보다

흡수되는 양이 더 많다고 할 수 있겠지. 하나만 요소를 추가해도 복잡하니까 소모되는 양은 변화가 없다고 가정한다. 흡수도 여러 요소가 영향을 줄 텐데, 자력에 의한 섭취가 아닌 질병이나 주입, 고문 같은 외력에 의한 변수는 제외한다.

그러면 섭취의 최종적인 요인을 선택이라고 한정할 수 있는데, 선택만 잘 하면 되는 게 아닌 건 식사량을 조절해본 사람들은 누구나 알 것이다. 그 선택하기에 방해되는 요소가 너무 많다. 그 방해요소들을 최대한 단순하게 표현해보면 "먹고 싶다." 또는 "먹어야 한다."고 표현할 수 있겠지.

그런데 "먹기 싫다." 또는 "먹으면 안 된다."라는 마음을 당신이 키워서 충분히 커진다면 당신의 미래는 먹고 싶기도 하고 먹기 싫기도 한 상태가 되면서 실제로 하나를 선택할 상황이 오면 고민하게 된다는 이야기야.

쓰고 보니 이거 슈뢰딩거의 식욕이라는 단어가 자연스럽게 떠오르는구만.

그런데 실제로 조절에 어려움을 겪는 사람들은 이해하기 힘들 거야.
"어떻게 먹기 싫을 수가 있지?"
아마 내가 이 책에서 가장 거부감을 자극할 만한 이야기를 해야겠네.

5.2 자존심

신을 섬기는 이에게 신을 모욕하거나 부정하면 반발하는 이유.
내가 믿는 신을 감히 누가 부정한다면 그만두게 하고 싶은 이유.
신에 대한 믿음을 지키기 위한 마음.
당신이 알고 있는 지식이 부정당하면 분노를 일으키는 이유.
당신이 알고 있는 지식이 부정하면 상대를 설득하고 싶은 이유.
내가 가진 지식에 대한 믿음을 지키기 위한 마음.
당신이 계획한 일이 방해를 받으면 억울한 이유.
당신의 계획이 예상을 이탈하면 다시 돌려놓고 싶은 이유.
내가 어떤 일을 달성하게 만들어 주리라 믿었던 과정을 지키고 싶은 마음.
식사량 조절에 대해서 이야기하다가 넘어오기에는 느닷없는 이야기네.
요약하자면 지금까지 당신이 살면서 느꼈던 모든 감정의 원인.
흔히 이야기하는 자존심에서 출발하는데, 보통 상식선에서 자존심이라고 부르는 그 무언가는 하한선이 존재하는데, 지금까지 했듯이 그 경계를 허물면, 내가 말하고 싶어 하는 그게 맞아. 조금 다르게 표현하면 자신의 믿음을 지키는 현상이야.
다르게 표현하면 정도의 크고 작음을 구분하지 않는 방향으로만 의미를 가지는 자존심이라고 할 수도 있겠네.
새로운 표현을 추가해보면, 당신이 살면서 경험했던 모든 자존심들, 그러니까 당신이 자존심이라고 불렀던 모든 것들과 다른 사람들이 자존심이라고 불렀던 모든 것들은 직선상에 정도 순으로 나열했을 때 사다리꼴이 나타날 텐데, 그 사다리꼴에 상상을 더해 무한히 뻗어 나가는 부등호를 상상하면 그 부등호 안의 모든 것을 자존심이라고 할 수 있지.
직전의 표현이 어려울 수 있는데 인간에 비유해서 다시 표현해보면, 당신이 경험한모든 인간들을 상상 속에서 직선상에 키순으로 나열했을 때, 일반적으로 인간이 시각적으로 경험할 수 있는 최소 크기의 인간이 신생아니까 제일 앞의 인간을 50cm정도로 보고 큰 키는 크게 잡아도 3m안쪽이니 인간을 선으로 가정하고 50cm와 3m의 평행한 두선의 같은 방향을 각각 이으면 사다리꼴이 나타난다. 그 사다리꼴을 통해서, 다시 말하면 제일 큰 인간과 그 중간의 인간, 제일 작은 인간의 비례를 이해하면 경험에 존재하지 않는 더 작은 인간 경험에 존재하지 않는 무한히 큰 인간을 상상할 수 있다. 그것을 무한히 뻗어 나가는 부등호라고 표현했다. 상상력이 부족하면 좀 어려울 것이다.
당신이 가지고 있을 만한 기억을 자극하자면, "이건 자존심이 아니지"라는 표현은 흔해. 이런 표현이 나오는 이유를 핵심만 말한다면 다른 사람이 보기엔 자존심이지만 당사자는 자존심이 아닌 거지. 경계, 하한선이 다른 거고 그에 따라 구분이 달라지는 거야. 누가 봐도 자존심인데 자존심이라고 아니라고 하는 것 까지도 자신의 믿음을 지키는 현상이지. 다시 말하지만 "거룩한 믿음"이나, "대단한 믿음"이 아니라 "모든 믿음"이야.
그러니까 내가 당신이 거부감을 느낄 거라고 예상했던 이유다. 반복해서 이야기했지만 현실과 상식은 다르니까. 마치 현실이 당신의 상식이라는 믿음을 공격하는 것처럼 느낄 거라고 나는 믿거든. 그 위협의 정도는 당신이 가진 자존심이 강할수록 당신의 상식과 현실이 다를 수록 크게 작용할 것이다.
거부감을 덜 만한 이야기를 좀 섞자면 자존심은 굉장히 중요한 부분이다. 한번 보고 들은 대로 경험한 모든 일들은 다 믿어버린다면 오히려 머리 속은 엉망이 될 거고 오류가 많아질 것이다. 예외 없는 경험이 반복될수록 믿음이 강해진다면, 믿음이 강할수록 예외를 배제하는데, 그게 자존심의 역할이라는 거야. 조금 더 정확한 믿음을 가지기 위해서, 정확한 믿음은 지키기 위해서 중요한 부분이야.
비유하자면 일종의 필터 같은 역할이라고 할 수 있는데, 이 책의 내용을 내가 설명 가능한 범위에서 최대한 쉬운 이야기들로 구성한 이유야. 그 필터를 이미 지나가 있는 정보들이 새로운 모양을 형성하도록 유도한 거지. 정보가 부족하다면 찾기에 쉬운 것들로, 필터를 쉽게 지나갈 작은 것들로 구성해서 최소한의 정보들이 필터를 지나가길 바라고 한 거거든.
상호작용과 같이 이야기하자면, 이 책을 읽는 동안 당신이 거부감을 심하게 느끼거나 자주 느꼈다는 이야기는 당신은 지나치게 상식적이어서 당신의 자존심이 열심히 일한 흔적이다.
자존심과 믿음에 대해 조금 더 이야기하자면, 나는 이 부분이 정신적인 스트레스를 느끼는 굉장히 직접적인 요소라고 판단하는데, 앞에서 이야기처럼 믿음이 강하면 예외를 배제 한다 보다 조금 더 정확히 말하자면 예외를 수용하지 않는다. 그러니까 행동직전단계에서만 선택하는 게 아니라 수용단계에서도 선택하는 현상이 일어난다. 그런데 수용단계에서 먼저 선택하면 이미 내면에 의견은 일치되어 있으므로 행동할 때 고민하지 않게 된다. 이런 행동을 우리는 무의식적인 행동, 본능적인 행동 등으로 표현한다.
방향을 반대로 해서 당신이 고민 없는 삶을 살고 싶다면 모든 일에 대해서 편향된 의견을 가지면 된다. 그리고 편향된 의견을 가지고 살아가면 다른 편향을 가진 사건을 마주칠 때 마다 스트레스로 작용할 것이다.
앞의 이야기는 내 예전 삶에 굉장히 큰 비중을 차지한 부분인데, 강박에 대한 이야기다.

어떤 상황에 처해질 때 마다, 어떤 일이 주의를 끌 때 마다, 어떤 대상에 초점을 맞출 때 마다, 선을 긋고 구분해서 옳은 것과 그른 것, 좋은 것과 나쁜 것을 정의하려는 성향이지.

현실은 그렇지 않아 조금 나쁜 것도 있고, 많이 나쁜 것도 있고, 용납할 수 없이 나쁜 것도 있지. 비유하자면 인간이 감각적으로 느끼는 세상은 아날로그인데, 디지털인 것처럼 받아들이는 경향이 굉장히 강해졌다는 거지. 현실은 항상 나쁜 사람 보다 더 나쁜 사람이 존재하고 그보다 더 나쁜 사람이 나타난다. 마찬가지로 좋은 사람보다 더 좋은 사람이 나타난다. 단순히 좋고 나쁘게 표현하기에는 분명히 구분된다. 그걸 외면하고 양분하면 그 성향이 극단적으로 나타나는데, 예를 들자면 조금 나쁜 사람도 굉장히 나쁜 사람도 똑같이 살인충동을 느끼게 되는 거지. 오해할 까봐 하는 말인데 예시는 극단적인 표현이었고 나도 이 정도는 아니었다.

앞의 이야기에 상호작용을 더해서 극단적인 구분이 극단적인 감정에 영향을 준다면 그 구분을 원만히 한다면 감정변화를 극단적이지 않게 영향을 줄 수도 있다는 이야기가 다음이야기야.

5.3 경계

아마 많은 사람들이 경계라는 단어에서 직선을 많이 떠올릴 텐데, 만약에 여기까지 읽고 뭐가 다르냐고 생각했다면 내가 말하는 구분을 이해 못 한 거야. 아마 구분이란 단어에서 단면 도형 정도를 떠올렸을 거야. 그게 꼭 당신의 문제가 아니라 내가 중간에 표현을 위해서 집합이나 벤 다이어그램 이야기를 했을 때 그게 좀 강렬하게 작용해서 이해하는데 도움이 됐다면 반복해서 같은 방식으로 이해하려고 했을 거야. 벤 다이어그램의 평면적인 이미지는 내 의도가 아니고, 다차원의 벤 다이어그램이 있었다면 나도 그걸로 설명했을 거야. 이걸 예시로 오차를 좀 더 분명하게 이해하는데 도움이 될 수도 있겠네.

앞의 이야기에서 느껴지듯이 흔히 시각적으로 생각하는 경계보다 복잡 할 수 있다는 이야기지.

1과 2 사이의 경계는 어떻게 될까? 경계를 정수로 한다면 1과 2사이의 모든 실수가 경계라고 할 수 있겠지. 경계를 반올림이라고 한다면 1.5와 그 바로 아래의 실수를 구분하는 무언가가 되겠지.

이정도가 일반적으로 생각하는 경계의 형태다.

앞에서 내가 복잡한 구분의 예시로 "예쁘다"라는 표현이 나왔었는데, 예시로 두 사람이 각자 생각하는 여성 인간의 예쁨을 머리부터 어깨까지 표현되는 그림으로 표현했다고 가정하자. 한 사람은 머리카락을 도화지에 다 표현되지 않게 길고 꾸미지 않아 늘어트린 머리카락을 표현했고, 한사람은 머리카락을 둥글게 말아서 머리 뒷부분에 고정해 놓은 형태이다. 이 두 가지 머리카락의 형태의 경계를 언어로 표현할 수 있을까?

혹시 그건 경계가 아니라고 생각했다면 굉장히 안타깝네. 내가 말하고 싶은 건 그 경계 거든. 이것도 상식적으로 이야기하는 경계가 아닌 건 맞아.

긴 생머리와 쪽머리는 분명히 구분되고 나는 대상이 뭐가 됐든지 구분되는 복수의 개체 사이의 무언가를 지금 경계라고 하고 있는데, 나도 그걸 경계라고 부르고 싶어서 부르는 게 아니라 아무도 단어로 정해 놓질 않았네. 그래서 일단 비슷한 단어를 가져와서 내가 뭘 말하고 싶은 지를 설명하는 중이야. 지금까지 내가 설명했던 것들이 매번 그런 식이었지.

경계에 대해서 이야기하는 중이었지만 내 목적은 다른데 있는데, 자존심을 다른 각도로 더 직접적으로 설명하자면 경계를 지키는 게 역할이야. 이것과 관련해서 먼저 이야기할 부분이 융통성이야. 근처에 훌륭한 예시가 보이네.

커피의 구분과 경계 중에 먼저 에스프레소와 아메리카노를 먼저 단순히 표현해 보자면 아메리카노는 물로 희석한 에스프레소라고 할 수 있겠지.

그럼 한 방울 떨어트리는 순간 아메리카노인가? 두방울은 어때? 검색해보니 보통 30ml를 기준으로 하는 모양인데, 30.01ml는 어때? 31ml는? 10%는 허용한다고 치면 35ml는 어때? 40ml는 아메리카노인가? 아메리카노는 기준을 찾아보니 추가되는 물의 양이 150~500ml 정도네. 그럼 에스프레소 30ml에 물 150ml를 섞고 물을 75ml 증발시키면 어때?

앞에서 융통성이라고 밝혔으니 잠깐 미리 말하자면 융통성이 부족한 인간은 단 한방울도 양보하기 힘들 거야.

그럼 물 150ml를 섞은 아메리카노에서 다시 150ml의 물을 증발시키면 에스프레소 겠지. 그럼 에스프레소는 농축 아메리카노 라고 할 수도 있겠네. 거기서 수분을 완전히 증발시키면 고운 원두 가루 정도가 남겠지. 그럼 원두는 고농축 아메리카노라고 할 수도 있겠네. 물과 우유의 차이니까 라떼는 안 해도 되겠지?
그래도 커피정도면 신체 외부감각으로 인지하기 때문에 공감형성이 비교적 쉽고 기준점을 설정하기에 쉬운 편인데, 방금 나온 감정이나 조울증처럼 정신적인, 심리적인 감각은 완전한 공유가 어려워.
앞의 예시를 설명하자면 위의 의문들에서 반발심이 들게 만드는 게 자존심, 수용할 수 있게 하는 게 융통성이다. 간단히 하자면 내가 이야기하는 융통성은 자존심의 반대 개념이다. 자존심이 악착같이 내 믿음의 경계를 지키려고 하는 성향이라면, 융통성은 내 믿음의 경계를 변경할 수 있는 성향이라고 할 수 있지. 조금 더 풀어서 설명하자면 커피에 관해서 원리, 원칙주의적 성향일수록 자존심이 강하고 융통성을 발휘하기 힘들지. 다른 각도로 비추면 강박적이고 고집일 뿐이야.
복잡함을 더해 이야기하자면 원칙주의자도 모든 일에 원칙주의를 발휘할 수 없다. 원칙주의적 성향이 강하게 발현되는 대상이 있는 거고 흔히 고집이 센 사람이나 원칙주의자들은 그런 대상이 많은 인간들이지.
수학에 비유해서 이야기하자면 내가 설명하고 있는 대상은 하나의 공식이고 앞의 예시는 커피와 물을 대입해서 설명하는 거야. 좀 더 여러 가지 현상을 이야기하자면 남의 실수에 관대지 못한 태도, 뚜렷한 구분에 대한 집착, 가치관에 대한 다른 의견을 받아들이지 못하는 것, 불쾌한 골짜기도 마찬가지야. 인간과 기계의 경계를 허물면서 생기는 불쾌감이지.
상식선에서 흔히 하는 표현으로 "선을 넘는다"가 있지. 다른 이가 선을 넘지 않도록 당신이 그 선을 좀 당길 수는 없나? 옛날이야기

중에 여우와 두루미 이야기가 괜찮은 비유가 될 것 같네.
먼저 줄거리부터 이야기해보면 여우가 두루미를 초대하고 식사를 대접했는데, 두루미에게는 적절하지 못한 접시에 식사가 나왔고, 반대로 두루미가 여우를 초대했을 때는 여우에게 적절하지 못한 호리병에 식사가 나왔지.
최대한 여우나 두루미의 감정은 배제하고 상황만 봤으면 좋겠네.
먼저 내 의견은 여우가 두루미를 초대해서 접시에 식사를 내온 것과 두루미가 호리병에 식사를 내온 것 까지는 좀 용서하는 세상이 되기를 바라는데, 모든 생명체는 자신을 중심으로 생각하는 게 기본이라고 판단하거든. 그리고 나는 그것이 잘못됐다고 생각하지 않아. 굳이 근거를 이야기해보자면 당연하게도 모든 정보는 알고 시작하는 게 아니라 모르고 시작해서 알아가는 거니까.
여우는 두루미가 식사를 어떻게 하는지 모르고 두루미는 여우가 어떻게 식사하는지 모르니까. 혹시나 "그걸 어떻게 모르나 딱 보면 알지" 같은 생각을 했다면 그 또한 자기중심적인 사고다. 내가 안다고 모두 아는 게 아니고 내가 모른다고 모두 모르는 것이 아니고 모두가 나처럼 눈치가 빠른 것이 아니고 모두가 나처럼 눈치가 없는 것이 아니다.
앞의 이야기들을 새롭게 조합해보면 그 누구도, 그 무엇도 내가 정한 선을 넘지 않는 것은 불가능에 가까운 일이다. 당신이 지금 침해당한 선에만 몰두하듯이 모두가 자신의 선만 생각하고 있다. 당신이 할 수 있는 최선은 선이 어디에 있는지 알려 줄 수 있을 뿐이고, 상대는 당신의 선을 넘은 상태가 최대한 물러난 것 일 수도 있다. 당신 또한 스스로도 모르고 의도하지 않은 채로 무수히 많은 선을 넘고 있다.

5.4 성향

성향도 그 자체는 중요한 이야기가 아니다. 거기다 빈도가 낮아서 크게 걸리지 않았지만 자존심과 융통성이 성향이라는 건 많이 중요하거든.

먼저 쉽고 뚜렷하게 숫자를 예로 들자면 "1보다 2는 조금 크고, 1보다 100은 많이 크고, 1보다 10000은 굉장히 크다"는 표현에서 조금, 많이, 굉장히라는 표현을 생략해도 1에서 향하는 방향은 같다. 앞의 표현을 통해서 내가 이야기하고 싶은 성향이란 "성질의 정도를 구분하지 않은 방향"이라고 표현할 수 있는데, 자존심이나 융통성의 정도가 변한다는 이야기다. 내가 했던 표현을 다시 가지고 오면 자존심은 믿음의 경계를 지키는 성향이기 때문에 믿음의 경계를 지킬 상황이 아니라면 자존심은 항상 열심히 일하는 게 아니라는 이야기다.

자주 나타나는 사람이 있지만 매순간은 아니다. 흔히 상식적으로 이야기하는 자존심도 마찬가지다. 나는 앞의 표현과 같이 정도를 구분하지 않고 상식의 자존심에서 하한선만 제거된 자존심을 이야기하고 있을 뿐이다.

성향은 중요하지 않지만 성향을 기준으로 이어갈 만한 이야기가 있는데, 성향은 항상 상황에 따라서 변한다. 두드러지게 나타나는 성향이 있을 수는 있지만 항상 터져 나오는 성향은 존재하지 않는다. 가끔 그런 사람이 있긴 한데, 내가 아는 경우는 정신질환밖에 없다. 성향으로 많이 이야기되는 것 중 하나가 내향성과 외향성인데, 마찬가지다.

어떤 성향이 좀 더 빈번하게 나타날 수는 있지만 어떤 일은 반대의 성향이 나타나는 게 현실이다.

지금하고 있는 이야기들을 나는 종합심리검사를 통해서 알게 됐는데, 결과 중에 나는 계획적인 인간이면서 충동적인 인간이라는 내용이 있었고 수치로 환산한 정도도 정확한 수치는 기억나지 않지만 적은 차이였다. 흥미로워서 좀 생각을 해봤는데, 내 추론은 이렇다. 많은 질문을 통해서 결과를 내는 검사 방식을 생각해보면, 다른 사람들이 대부분 계획적인 성향을 나타내는 질문에 나는 충동적인 대답을 했고, 다른 사람들이 대부분 충동적인 성향을 나타내는 질문에 나는 계획적인 대답을 했을 거야. 이렇게 돌아보니 검사방식은 좀 안타깝다는 생각은 좀 들지만 내가 현실의 복잡함을 이해하는데 좋은 참고가 됐지.

MBTI나 혈액형별 성격 구분 같은 미신에서 자주 나타나는 현상인데, 성향에 휘둘려서 본인 스스로 세뇌하지 않기를 바라며 꺼낸 이야기다. 성향을 하나 집어 최악을 가정해서 설명하자면, 내가 외향적인 성향을 많이 나타내기 때문에 자신이 외향적인 사람이라고 규정하고 믿게 되면 그 믿음을 지키기 위해서 점점 더 외향적인 성향이 나타날 수 있다는 이야기다.

미래는 알 수 없다. 언제든 내향적인 선택은 할 수 있다. 성격, 성향은 끊임없이 변한다. 오래갈 수도 있고 짧을 수도 있다. 정도가 더해질 수도 있고 옅어질 수도 있지만 반대 방향은 언제나 열려 있다.

5.5 구분

자존심은 구분사이의 경계를 지키기 위해 존재하는데, 흔히 의문을 가질 때 먼저 떠오르는 건 "왜"일 것이다. 이런 방식으로 새로운 지식으로 향할 때는 굉장히 막막하다. 괜찮은 대안으로 대상의 존재를 제거해보면 된다.

그러니까 경계가 사라지면서 구분하지 않으면 어떻게 변하는지를 상상해보면 된다. 한국인의 경우엔 굉장히 이해하기 쉬운 사례가 있는데, 나이구분을 제거해 보면 된다. 나이를 구분하면서 생기는 일들이 사라지겠지. 자신보다 나이가 어리다고 구분되면 하대하고, 자신보다 나이가 많다고 구분되면 존대한다. 분명히 나이를 구분하기 때문만은 아니지만 나이를 구분하면서 생기는 현상인 것도 분명한 사실이다. 인종에 대한 구분도 큰 변화를 만들지. 인종에 의해 하대하고, 인종에 의해 존대한다. 분명히 인종을 구분하기 때문만은 아니지만 인종을 구분하면서 생기는 현상인 것도 분명한 사실이다. 신분을 구분하는 것도 같은 변화를 만드네. 신분에 의해 하대하고, 신분에 의해 존대한다. 분명히 신분을 구분하기 때문만은 아니지만 신분을 구분하면서 생기는 현상인 것도 분명한 사실이다.

좀 더 단순한 예를 들자면 고기와 돌도 구분된다. 고기는 먹는 것이고 돌은 먹지 못하는 것이다. 햇빛과 얼음도 구분된다. 햇빛은 비추는 곳을 따뜻하게 만들고 얼음은 주위를 차게 만든다. 책상과 식탁도 구분된다. 책상은 사무를 위주로 제작되거나 구매하고 식탁은 식사를 위주로 제작되거나 구매한다. 펜치는 무언가를 집기 위해 만들었고, 망치는 무언가를 두드리기 위해 만들었다. 모자는 머리를 덮고 귀마개는 귀를 덮는다. 컵은 음료를 담아 마시고 그릇은 음식을 담아 먹는다. 문은 인간의 출입을 위해 장치하고 창문은 인간의 출입을 막는다. 다르면 구분한다. 구분하면 다르게 본다.
앞의 이야기들을 공통점으로 일축하자면 구분은 행동에 영향을 준다. 어떻게 반응할지 영향을 준다. 앞으로의 계획에 영향을 준다. 앞으로 어떻게 행동할지를 결정하기 위해서 구분한다. 구분에 따라 앞으로 어떻게 행동할지가 결정된다.
이제 충분한 조각들이 모였다. 앞서 옛 말을 하나 소개하면서 내용의 반에 해당하는 시간은 이야기했지만, 나머지 반인 본질과 말단에 대해서는 이제부터 나타날 것이다. 말단을 왜곡 없이 볼 수록 본질에 좀 더 정확히 접근할 수 있다. 본질의 역할을 정확히 알 수록 본질들이 모이면 어떻게 말단이 구성될지 정확히 알 수 있다.
내가 이야기하는 조각들이 완벽히 오차가 존재하지 않는 사실인지는 모른다. 하지만 내가 자신할 수 있는 건 상식보다는 분명히 더 정확하다. 어떻게 무엇이 얼마나 정확한지를 이야기하자면, 심리학 또는 정신분석학은 인문계열의 학문이고 지금 내가 하는 이야기들은 자연계열의 이야기다.
인간만이 아니라 모든 생명체에 해당하는 본질적인 이야기다.
모든 생명체는 계획을 가지고 있다. 그 계획은 행동으로 이어진다. 행동을 통해 계속 새로운 환경의 학습에 노출된다. 학습은 믿음을 생성한다. 믿음은 계획에 반영된다. 믿음은 자존심에 의해 보호되어 학습을 차단한다.
최대한 간단히 하자면 이정도가 모든 동물의 행동을 정신적으로 설명하기위한 본질이다.

6.현상

뭐든 현상이란 단어와 연관 지을 수 있지.
조울증을 위주로 아무 이야기나 할 것이다.
혹시 앞의 내용들을 수용하지 않고 읽을 생각이라면, 멍청한 계획이라고 알려주고 싶네.
나는 분명히 읽지 말라고 했지만 혹시나 당신이 정신질환자면 이 지점이 경계라고 할 수 있다.
첫 번째는 당신이 계속해서 현실을 외면하고 멍청함에 보호받으면서 세상이 당신에게 맞춰지는 것을 기다릴 것이라면 이 책은 쓰레기고 작가는 사기꾼이라고 믿고 살아가면 된다. 당신이 준비가 안 됐다면 오히려 그렇게 하기를 바란다.
두 번째는 고통스러운 현실을 대면하고 세상에 당신을 맞춰서 고통을 깨트릴 것인지는 당신이 선택하는 것이다.
앞의 두 표현은 비유가 아니다. 당신의 선택으로 갈라지는 당신의 미래들이다. 현실은 날카롭고 차갑지 않다. 당신이 따뜻하고 부드러운 것들로 가리고 대면한 적이 없을 뿐이다. 모른다면 계속해서 핑계가 될 수 있지만 알고 나면 외면할 수 없다. 알고도 행하지 않으면 당신 내면에 모순이고 생기고 오히려 괴로워질 것이다. 내용 여기저기서 천천히 읽거나 그만 읽기를 바라는 이유가 그렇다. 자존심이 강력할수록 받아들이기 힘들다. 저항하기 힘들다. 누군가 사랑을 담아 왜곡하기를 바란 이유가 그렇다. 내가 이 책을 만들려는 최우선 목적은 사실을 알리는 것이고 환자의 회복은 다음이다. 하지만 환자의 회복을 바란다면 당신이 주변인이건 당사자이건 자존심을 허무는 것이 굉장히 중요하다. 믿음이 옳고 그른 가는 중요하지 않다 강한 믿음을 무너트리려면 그만큼 강한 믿음이나 의심이 필요하다. 당신이 환자의 회복을 목표로 한다면 환자로부터 강한 신뢰를 얻는 것이 큰 역할을 할 것이다. 강한 신뢰는 홀로 존재하지 않는다. 많은 신뢰가 모이면 그것을 하나처럼 볼 때 강한 신뢰가 된다. 당신이 당사자라면 간단히 요약해서 세상에 문제가 있어서 감정을 일으키는 게 아니라 당신이 세상을 거부하는 현상이다. 당신 스스로를 의심하고 당신의 멍청함을 대면할 수 있다면 당신은 더 현명한 인간이 될 수 있다.

스스로 멍청하다고 생각하고 그걸 문제 삼아야 현명해지기 위한 노력이 나온다. 스스로 현명하다고 생각하면 현명해질 필요가 없고 멍청함을 문제 삼지 않으면 현명해질 필요가 없다. 스스로 멍청함을 수용하고 자신이 문제라는 것을 수용하길 바란다. 굉장한 자존심의 반발이 일어날 것이다.

어쩌면 이번에는 직접적인 표현보다 비유적인 표현이 강렬하게 이해시킬 수 있겠네.

영화 매트릭스에 비유하자면 그만 읽는 게 파란 약이고 계속 읽는 게 빨간 약이야.

지금까지는 작은 조각들이었지. 나는 의도적으로 설명을 최소화했는데, 자존심이라는 필터를 최대한 쉽게 지나가게 하려는 목적이었지. 아래 설명은 그 작은 조각들을 당신의 내면에서 조립하고 분해되는 걸 반복하면서 당신이 가지고 있는 다른 지식들과 상호작용하면서 점점 형체를 갖추고 덩치가 커질 거야. 그때는 다시 당신 안에서 나올 수 없어. 조금 더 직접적으로 표현하자면 당신이 내가 하는 이야기들의 파편들을 이해하면서 인정하지 않으면 당신이 알고 있는 현실과 충돌을 일으켜서 컴퓨터 바이러스처럼 작용할 거라는 이야기야. 지금 나는 내가 무슨 이야기를 하는지 알고 어떤 파장을 일으킬지에 대해서 충분히 상상할 수 있기 때문에 최악의 상황을 가정하고 당신이 모를 수 있는 기회를 제공하는 거야.

내가 이 책을 쓰는 최우선의 이유는 현실을 표현하고 설명하는 것이지만 정신질환자들에게 도움이 되고자 하는 이유가 두번째는 되니까 진심을 다해서 환자의 악화는 바라지 않는다는 것을 표현하는 거야.

6.1 조울증

조증과 우울증은 여러 가지 상반된 모습을 보인다. 그 중에 다른 증상들 보다 등한시되는 부분이 있는데, 우울증은 어떤 문제가 생겨서 나타나는 증상인데 우울증이 계속해서 문제를 만든다. 문제를 해소하지 못하고 키우거나 추가한다. 계속해서 문제의 양이나 크기가 늘어난다. 그러면 신체적으로 계산할 일이 많아진다. 그 기간이 지속되면 신체는 그 기대에 부응한다. 어느 순간 답을 쏟아내기 시작한다. 끊임없이 답을 만들어낸다. 지나치게 많은 답을 만들어낸다. 만들어 낸 답들이 모여 또 새로운 답을 만들어 낸다. 증상이 심해지면 몇 번의 인생을 추가로 사는 수준이 된다. 내 경우의 이야기고 더 심하면 수십 수만 번의 인생을 살 수도 있겠지. 아무튼 그러다가 어느 순간 정신이 들어서 자신의 상태가 좋지 못하다는 걸 알면 원인을 찾기 시작하고 다시 우울증으로 향하겠지.

우울함과 우울증은 상호작용하면서 악화되고 조증과 흥분상태도 상호작용하면서 악화되는데, 표면적으로는 그 상호작용을 약화시키는 게 조울증을 해결하기 위해 중요해 보이는 일이다. 내가 조금 더 중요하게 생각하는 건 자신의 상태를 스스로 발견하고 인정하는 일이다. 이 부분을 조금 더 자세히 설명하지.

의자를 의자라고 하는데 아무도 웃지 않는다. 아무도 슬퍼하지 않는다. 아무도 감정을 표현하지 않는다. 아무도 자존심을 세우지 않는다.

많은 우울증 환자들은 자신이 우울증이라는 사실부터 우울해 한다. 자신의 우울증에 무던하지 못한다. 자존심을 세운다. 받아들이지 못한다.

받아들이고 회복으로 넘어가는 그 과정도 받아들이기가 힘들다. 다 스스로 변해야 하는 것들이다. 자신이 하는 행동들과 생각들 에는 모두 이유가 있어서 그런 건데 세상이 이해를 못해서 내가 바꿔야 한다는 게 굉장히 억울하다.

먼저 말하자면 애석하게도 내가 제시할 수 있는 방법들은 세상에 적응하는 방법밖에 없네. 조울증의 존재자체를 세상에서 지울 방법은 모르겠거든.

상호작용을 통해서 간단히 설명하자면 그냥 받아들이고 감정을 그만 일으키면 오히려 조울증은 희미해질 것이다. 나를 믿을 수 있다면 조울증이 낫기를 더 이상 기다리지 말고 조울증이 나타나기 이전의 삶처럼 다시 살아가면 된다. 기분이 좀 처지거나 흥분되어도 끔찍한 삶이라고 삶을 비관하지 말고 살아서 좋다고 감사할 필요도 없고 살만 하다는 정도로 자각하면 충분하다.

다르게 표현하자면 조울증에서 해방되면 하고 싶은 일을 생각해보고 그걸 지금 하면 된다. 조울증은 환자를 늦출 수는 있어도 멈추지는 못한다. 조울증 때문에 못 한다는 건 착각이고 다르게 말하면 핑계다. 원하는 속도로, 원하는 정도로, 원하는 시간을 만족하지 못하는 것을 할 수 없다고 착각하고 있을 것이다. 조금 느려도, 조금 부족해도 하면 된다. 멈춰 있을지 천천히 갈지는 당자사의 선택이다.

또 다르게 표현하자면 앞으로 평생 조울증을 벗어날 수 없다고 스스로 되 뇌이고 세뇌하기를 권하며, 조울증을 벗어날 수 없다고 느끼는 만큼 조울증과 함께 살아가는 미래도 충분히 아름다울 수 있음을 그리길 권한다. 조울증이 사라진 어느 날 영원할 줄 알았던 조울증이 사라짐에 오히려 기뻐할 것이다. 물이 가득 찬 잔에서 물을 반 잔 쏟았을 때 화내는 사람은 물은 한 잔 바라던 사람이다. 단지 물이면 되는 사람은 물이 반 잔 남아도 기뻐할 수 있다. 똑같은 흐름으로 멋지고 화려한 삶을 원하는 사람은 문제가 생길 때 마다 화를 내고, 단지 삶이면 되는 사람은 과분한 삶에 오히려 기뻐할 일이 많다. 조울증이 더 들어오지 못하도록 이제는 싸우지 마라. 이미 들어와 있으니 받아들여라. 그건 단지 기분을 좀 망칠 뿐이다.

조금 난해한 이야기를 하자면, 생각을 깨트려야 한다. 당신 머리속을 끊임없이 메워서 움직이게 만들고 멈추게 만드는 생각을 의심하면 삶이 달라질 것이다. 예를 들자면 당신이 지금 보고 있는 이건 상식적으로 책이라고 하지. 그런데 당신은 그걸 창이라고 부를 수도 있다. 대화 중에 그렇게 한다면 상대가 못 알아듣겠지만 혼자서 그렇게 이야기하는 것에는 전혀 문제가 없다. 다른 예를 들자면 지금 당신 주변의 아무 대상 하나에 초점을 두고 주의를 기울이면 그 대상의 이름이 "떠오를"거야. 하지만 당신은 그 떠오른 이름이 아니라 아무렇게 "떠올린" 이름으로 부를 수 있지. 나는 옆에 있는 잔이 올려져 있는 무언가를 보고 쟁반이란 이름이 떠올랐지만 전쟁이라고 부를 수 있지. 굉장히 의미 없고 멍청한 짓 같지만, 반복하다 보면 당신의 내면을 구분할 수 있는 일종의 훈련이라고 할 수 있지. 대상을 본 순간 떠올린 쟁반은 "떠오른 생각", 수동적인 생각, 일어난 생각, 내가 의도하지 않았음에도 상황이 처해지자 막을 수 없이 나타난 생각. 타고난 본성에 학습이 더해진 수동적인 생각. 상식수준에서 단어를 선택해보면 본능, 무의식, 감성, 직감 같은 느낌이지. 내가 지금까지 내면이라고 이야기했던 부분이다.

그리고 쟁반이 떠올랐음에도 불구하고 내가 말로 옮긴 전쟁은 "떠올린 생각", 능동적인 생각, 일으킨 생각, 내 머리 속에 마음속에 불현듯 떠오른 생각을 막고 내가 의도하여 행동으로 옮긴 생각. 수동적인 생각을 행동으로 옮기지 않게 막을 수 있는 능동적인 생각. 이쪽은 앞의 내용과 상반되는 판단력, 의식, 이성, 고민 같은 느낌이지.

여기서부터 행동 까지가 내가 표면이라고 이야기했던 부분이다.
잠깐 공통점에 대해서 다시 상기시키자면 본능, 무의식, 감성 직감이 서로 다르고 판단력, 의식, 이성, 고민이 서로 다른 건 나도 아는데, 그 공통점을 말하는 거야.
타조가 달리는 것과 사자가 달리는 것과 인간이 달리는 건 다르지만 달린다는 공통점이 있지.
새가 나는 것과 박쥐가 나는 것과 민들레 씨가 나는 것도 다르지만 난다는 공통점이 있지.
물고기가 헤엄치는 것과 악어가 헤엄치는 것과 해파리가 헤엄치는 것도 다르지만 헤엄친다는 공통점이 있지.
달린다는 것과 나는 것과 헤엄치는 건 다르지만 이동한다는 공통점이 있지.
앞의 비유를 이어서, 나는 타조가 달리고 박쥐가 날고 해파리가 헤엄치는 걸 예시로 이동을 설명하고 있으니 말단이 아니라 본질을 이해하기를 바란다.
다시 설명으로 돌아가서, 이 책의 제목 그대로 내가 조울증을 통제하는 방법이다. 조울증 회복의 왕도라는 이야기는 아니다. 모든 이야기를 다 포함한 요약은 없다. 같은 지점을 다른 각도로 다른 방향에서 반복해서 비출 것이다.
첫 번째 방향은 스스로 얼마나 멍청하고 무능한지를 자각한다. 약간 더 풀자면 기분은 감정의 누적이다. 감정은 자존심에 의해 나타난다. 자존심은 믿음을 지킨다. 믿음은 학습으로 인해 생긴다. 모든 것이 그렇다고 할 수는 없으니 믿음이면 다 된다는 이야기는 아니지만 내면과 표면은 믿음이 없는 곳을 향할 수 없다. 반대로 믿는다면 실제 하지 않아도 향할 수 있다. 스스로 내면을 파악하고 향하고 있는 곳이 도달할 수 있는 곳인지를 분명히 하면 된다. 그 정도를 내가 앞에서 이야기한 듯이 "인간은 아는 게 없고 모두 믿음이다" 정도는 아니어도 인간이 멍청함과 무능함을 깨닫는 데는 상식이면 충분하다. 다만 각자가 가지고 있는 자존심이 사실을 외면하게 만든다. 내면과 표면을 구분해 냈다면 표면으로써 자존심으로부터 당신의 권한을 되찾아 오면 된다. 좀 다르게 말하자면 일종의 판단 훈련이라고 할 수 있다. 조금 더 풀어서 설명하자면 본능대로 튀어나오는 행동이나 감정을 줄이고 고민하고 의도된 선택을 늘리면서 자존심이 무엇을 지키고 무엇을 받아들여야 할지 다시 설정한다. 그렇게 하기 위해 영향을 줄 수 있는 요소는 속도 정도라고 할 수 있겠네. 먼저 우울증의 표본이 많으니 먼저 이야기하자면 고민을 오래 지체하지 않는 것이 좋다. 조증의 경우엔 고민을 좀 하는 편이 좋겠지만 상식선에서 봐도 당연한 이야기가 됐네. 추가로 머리글에 우울증과 조증의 같은 점이 있다고 했는데, 기분의 문제고 그것도 상식수준이라고 할 수 있겠네.

기분을 간단하게 설명하는 게 좋겠네. 나도 예전에는 기분과 감정을 구분하지 않았었다. 지금 내가 구분하는 기분과 감정의 예시로 암을 진단받은 환자를 상상해보면, 대체로 기분이 우울할 거고 기분이 우울함에도 즐거울 수 있고 웃을 수 있는데, 그 일시적인 즐거움과 웃음이 가진 본질적인 심리 변화가 감정이야. 방향을 바꿔서 고액 복권에 당첨 된 사람을 상상해 보면 대체로 기분이 즐거울 거고 기분이 즐거워도 슬프거나 화는 날 수 있는데 그 일시적인 슬픔이나 화가 감정이라는 거야. 그러니까 지속적으로 꾸준히 영향을 주는 이상 기분의 정도나 기간이 지나치게 길 때 기분장애라고 하는 모양이야. 기분 이전의 설명으로 돌아가서 고민의 적당한 시간을 설정할 방법을 먼저 이야기하는 게 좋겠네. 내 경우를 이야기하자면 최소한의 우선순위인데, 첫 번째는 현재 상황속의 나이고 두 번째는 현재 상황이며 그 이상은 대체로 상황에 맞춰서 본능이 이끄는 대로 행동한다. 두 우선순위에 대한 하나의 관점은 내가 세상에 존재하는 것이 사실이지 세상이 나를 위해 존재하지 않는다. 현재상황은 내가 세상에 계속해서 존재하고 건강할 수 있는가를 살핀다. 두 번째로 내가 존재할 수 있고 건강하다면 내가 지금 뭘 할 수 있는지 정도를 고민해 본다. 상식적으로 생각하기에 이 두 가지만 최소한으로 고민한다면 굉장히 처절한 삶처럼 보이기도 한다. 사람에 따라 조절할 일이다. 내 내면은 적은 반복으로 쉽게 적응하고 새로운 생각으로 뻗어 나가서 우선순위가 두개에서 머물지 않는다. 그래서 과하게 누적된 걸 느끼면 의도해서 다시 두개로 돌아오도록 유도한다. 주기적으로 내 삶이 당연하지 않다는 것을 내 스스로 환기한다. 여기서 중요한 건 인간 자체가 다른 동물보다 쉽게 학습하며 쉽게 믿음이 생성되고 쉽게 적응한다.
무능함에 대한 두 번째는 고민의 적당한 시간을 설정할 방법은 할 수 없는 일을 빠르게 구분해내고 포기한다. 생각이나 고민 같은 정신적인 감각 또는 감정이나 기분 같은 심리적인 감각보다 신체적인 감각을 의도적으로 신뢰를 쏟는다. 감정은 자존심에 의해 일어나고 자존심은 현실과 믿음의 충돌로 생긴다. 상식적인 표현을 하자면 현실을 수용하지 못하는 것이다. 그게 얼마나 큰 슬픔을 만드는 일이든, 얼마나 큰 화를 만드는 일이든, 일어나면 되돌릴 수 없고 그 되돌릴 수 없는 현실 안에서 살아야 한다. 인간에 맞춰서 세상이 존재하지 않는다. 세상에 무슨 일이 생기든 살고자 하면 맞춰야 한다. 무슨 일이 일어나도 원인은 인간이 어떻게 할 수 없는 문제다. 과거를 해결하려고 하지 않는다. 그 원인을 알고자 매달려도 완벽히 알 수 없다. 미래는 어떻게 다가올지 알 수 없다. 과거를 완벽히 이해할 수 없는 이유와 미래를 완벽하게 예측할 수 없는 이유는 동일하다. 인간의 수준이 그렇다. 아무리 파헤쳐도 크고 복잡한 현실 안에서 몇개의 사건을 볼 수 있을 뿐이다. 가끔 사회적인 연쇄작용으로 굉장히 큰 힘이나 지식을 가진다고 착각할 수 있는데, 연쇄작용의 본질은 각각의 인간이 별개의 의지를 가지고 있으며 언제든지 끊어질 수 있다. 연쇄작용이 끊어지면 모든 인간이 혼자서는 팔다리나 휘적거릴 수 있을 뿐이다. 재화는 스스로 가치를 지니지 못한다. 재화를 바라는 데서 가치가 발생한다. 아무리 많은 재산이 있어도 상대가 원하지 않는다면 가치는 실체가 없다. 법이나 약속도 스스로는 가치가 없다. 다른 누군가 수용하고 동의할 때 가치가 발생한다. 단 하나의 인간이 얼마나 멍청하고 무능한지를 잊지 않는다. 내면이 그리는 미래가 크고 화려할 수록 받아들이기 힘들 것이다. 현실을 받아들이면서 무너지는 것들이 무능함을 외면하고 당연하게 여기던 것들이다. 오로지 컵을 바라는 인간은 컵에 든 물을 쏟고 간다. 약간의 물을 바라는 인간은 넘어져 쏟아지고 반잔 남은 물에도 안도한다. 한잔 가득한 물이나 그 이상을 바라는 인간은 넘어져 약간의 물만 쏟아져도 불쾌함이 인다.

무능함에 대한 세 번째로 감정이 일어날 때 마다 스스로 멍청함을 짚고 넘어간다. 감정은 계획과 현실이 충돌한 흔적이다. 아니꼬운 일이 생겼다면 세상이 잘못된 것이 아니라, 내면의 계산과정에서 잘못 알고 있거나 부족한 정보가 있었다고도 할 수 있다. 불편한 상황 안에 생명체가 포함되어 있다면 단순하다. 생명체는 매순간 감각을 통해 학습하며 학습된 내용이 지속적으로 각 의지에 영향을 준다. 인간 수준으로는 생명체의 움직임을 완벽하게 읽을 수 없다. 무능함을 받아들이고 무능함으로 알 수 없었고 멍청했음을 받아들이면 된다.

무능함에 상반되는 자신감도 중요한데, 무능하고 멍청하니 찌그러지

라는 이야기가 아니다. 할 수 없는 일과 할 수 있는 일을 분명히 구분해서 할 수 있는 일은 자신감을 믿음과 자신감으로 행동하면 된다. 행동으로 옮겼을 때 믿었던 결과가 나오지 않음은 무언가를 계산하지 못했음을 인지하고 다음 행동에 반영한다. 그렇게 어떤 믿음이 앎이라고 착각하기에 충분한지 구분하는 것도 중요하다. 그리고 앎도 믿음이며 언제든지 깨질 수 있음을 염두 해 둔다.

세상은 인간에 맞춰 존재하지 않는다. 인간이 세상에 맞춰 살아야 한다. 세상은 인간을 이해시키기 위해서 존재하지 않는다. 인간이 세상을 이해해야 한다. 종종 완벽주의, 강박, 결벽, 집착, 집념 등의 여러가지 형태로 마치 완벽히 계산해 낼 수 있다는 듯이 하나의 사건에 지나치게 오래 매달릴 때가 있다. 오랜 고민에 몰입하는 것은 피하는 것이 좋다.

무능함과 자신감에 대한 이야기는, 무능하니 찌그러지란 이야기가 아니다. 자신감을 가지고 충동적으로 행동하라는 이야기가 아니다. 항상 당신이 처한 상황에서 적당하게 행동하면 된다. 내가 알기에 선천적인 조울증은 없으며 환자는 조울증 이전의 삶을 기억하고 있을 것이다. 그 때의 적절함을 기억해내면 된다.

두 번째 관점으로 멍청함에서 각도를 조금 바꿔 감정으로 바라보면, 직전에 이야기한 오랜 고민 자체는 문제가 아니다. 그 고민과정에서 벽을 만날 때 마다 느끼는 불쾌한 감정이 문제가 될 것이다. 그 고민에 깊게 이입하고 몰입해서 마치 정신이 고민이라는 가상현실 속에 실존하는 듯이 느끼는 점이 문제일 것이다. 마치 정신이 몸을 떠나 미래나 과거에 존재하는 것처럼 느끼고 있는 것이 문제일 것이다. 일반적인 표현을 이용하자면 "정신이 나간 듯이", 정신이 몸을 떠난 듯이 느끼는 점이 문제일 것이다. 몸이 처해있는 상황에서 전혀 느낄 필요가 없는 감정을 과거나 미래를 끌어와서 느끼는 것이 문제일 것이다. 일축하자면 정신 안 나가게 잘 붙잡으라는 이야기가 될 수 있지. 과거나 미래의 감정을 최대한 차단하고 지금 몸이 있는 때와 장소에서 느낄만한 감정을 느끼라는 이야기다.

세 번째 방향은 거리나 속도를 통해서 감정을 조금 조절할 수도 있다.

우울증이나 조증이 될 정도면 지나치게 자주 미래나 과거를 끌어오도록 습관이 되어있을 것이다. 계속해서 이입되는 과거나 미래와 실존하는 곳의 시간적인 거리, 공간적인 거리를 분명히 인지하고 지속적으로 실존하는 곳과 생각의 거리를 좁혀서 당신이 실행에 옮길 수 있는 고민을 습관이 될 수 있도록 대체하길 바란다. 이어서 속도를 이야기하자면 속도라는 표현은 좀 애매할 수 있으니 힘이나 에너지 등으로 대체하는 편이 이해하기 좋을 수도 있다. 설명으로 돌아가면, 속도가 빠를수록 시야가 좁아진다. 물론 정지상태의 시야도 모두 주의를 기울일 수는 없다. 다만 변화가 생기면 알아차릴 수 있다. 하지만 빠르게 이동할수록 시야안의 빠르게 변하는 부분들은 점점 처리가 불가능해지고 처리 가능한 시야는 점점 좁아지는데, 차로 이야기하면 가까이 있는 것들은 대응이 점점 힘들어지고 속도가 빠른 만큼 큰 충돌이 일어난다. 그것과 비슷하게 비유적으로 표현하면, 내면의 속도가, 심리적인 속도가 급격하면 멀리만 보게 되고 가까이 있는 것들은 마치 끝없는 도로처럼 당연하게 여기며, 당연하게 여기는 만큼 변수를 허용하지 못하기 때문에 가까이에서 큰 변화가 생기면 그 만큼 큰 충돌이 되고 폭발적인 감정이 일어난다. 폭발적인 감정이 자주 일어난다면 스스로 내면의 속도를 의심하고 점검하는 것이 좋다. 내면에서 계속해서 그리는 과거를 더 과거로 밀어내고 미래를 더 미래로 밀어내서 실존하는 위치와 조금 더 명확히 구분하는 게 좋을 것이다. 당장 조금 달린다고 도달할 수 있는 거리가 아니라는 점을 스스로 자각 하기를 바란다. 도달해야 하는데 안 된다면, 일어나야 하는 일이 일어나지 않는다면, 일어나지 말아야 하는 일이 일어난 것에 대해서 설명하자면 앞에서 했던 표현을 그대로 가져오면 그건 세상이 잘못된 것이 아니라 계산하지 못했던 요소가 있는 것이다. 비유로 표현하자면 열쇠가 부족했던 것이다. 대부분은 스스로의 부족함을 인정하기 싫어서 세상을 비관하는 것이다. 조금 거부감을 줄여주자면 대부분의 부족함은 어쩔 수 없는 일이다. 인간의 한계를 벗어나는 일이다. 개인의 한계를 벗어나는 일이다. 굉장히 많은 일들이 문제를 파악하고 해결하기 보다는 무능함을 인정하고 포기하는 것이 최선일 때가 있다. 훌륭한 선택을 위해서는 뭘 할지 선택하는 것도 중요하지만 무엇을 포기할 것인지를 선택하는 것도 중요하다.

네 번째로 선택이라는 방향도 의미 있는 표현이 될 수 있다.

직전에 이야기처럼 무엇을 포기할 것인지는 굉장히 중요한 선택이다. 생각이 많을수록, 고민이 많을수록, 고민이 길어질수록, 생각을 행동으로 옮기기 힘들수록 무엇을 할지보다 무엇을 포기할 지를 잘 선택하는 것이 중요하다.

과거의 생활이나 습관 등 학습된 대로, 정해진 대로, 정해 놓은 대로 내면에서 행동을 유도할 텐데, 오래된 습관일수록, 확고한 신념일수록, 타당한 이유가 존재할수록 행동으로 옮기는 것을 막기가 힘들다. 자존심 때문이다. 내면은 그렇게 해서 스스로를 지켜왔다고 믿고 있기 때문에 한순간에 내려놓기 힘들다. 예를 들어 특정 상황에서 담배를 피면 상황이 반복될 때 마다 담배가 생각이 날 텐데, 구체적인 예를 들자면 식사 후가 좋은 예겠지. 그러다 큰 일이 생겨서 잘 곳도 끼니도 해결하기 힘든 상황이 되면 상식적으로 담배를 포기하는 게 맞겠지. 그런데 끼니를 해결할 때마다, 스트레스가 생길 때 마다 담배가 생각이 날 거야. 다행히도 포기가 빠른 사람들은 형편이 안 되니 쉽게 끊기도 하지만 포기를 못하는 사람들은 방법을 만들어 내는데, 훔치거나 뺏거나 구걸하거나 바닥에서 꽁초를 주워 피거나 하는 행동으로 나타난다.

잠깐 나눠서 우울증을 이야기하자면 훔치거나 뺏거나 구걸하거나 꽁초를 줍는 행동도 하지 못한다. 그것들은 자신의 명예를 실추시키기 때문에, 그 명예마저도 포기하지 못하고 행동으로 옮기지 못하고 고민한다. 어떻게 하면 내 모든 것들을 잃지 않고 새로운 것을 얻을 수 있을 것인지에 대해서 고민한다. 영원히 끝나지 않을 고민의 시작이고, 우울증으로 날아 들어가는 길이다.

조증을 설명하자면 현실을 받아들이지 못하고 포기를 못해서 억지로 결과를 만들어 내면 당신이 초점을 두고 있던 결과를 제외하고 나머지 모든 결과가 엉망이 될 것이다. 비유하자면 그 판단이 당장은 단맛을 느끼게 하겠지만 즉시 토해내게 만들 것이다.

그리고 이전의 이야기들만큼 중요한 이야기는 지금 당장 포기한들 영원히 가질 수 없는 것은 아니다. 내가 앞에서 이야기한 포기는 당신인생에서 없는 것으로 하라는 이야기가 아니라 조금 더 먼 미래로 미루라는 이야기가 조금 더 정확하지만 실현할 수 없는 일이 계속 생각나고 고민하게 만든다면 차라리 없는 것으로 하는 편이 낫다는 이야기다.

당장 당신이 감당할 수 없다면 그게 무엇이든, 얼마나 큰 가치를 지니든, 너무 많은 것들이라도 잠시 내려놓고 다시 찾아오면 된다. 어떤 상황에서는 그게 가장 빠른 방법일 수노 있다.

다섯째로 재미있을 만한 이야기가 생각났는데 표면과 내면이다. 당신이 조울증에 대한 경험이 없다면 비슷하게 느끼는 방법이 있다. 그리고 당신이 조울증이라면 주의해야 할 만한 할 일이지. 신체에 주입되는 무언가로 표면과 내면의 균형이 무너지는 일들이야. 먼저 술인데, 간단히 설명하자면 내면이 팽창하는 느낌이야. 정도가 조증에 비할 정도는 안 되지만 상식 수준으로도 술이 사람을 원초적으로, 즉흥적으로 만드는 건 흔히 알려져 있다. 조증 환자는 항상 취한 듯한 상태라고 비유할 수 있다. 이 부분은 내가 확신한다고 할 만큼 명확해 보이지만 미묘하게 표면을 망가뜨리는 듯한 효과도 느껴지는데, 미묘하게 느끼는 이유는 정작 내가 술을 마셨을 때 그런 느낌이 들지 않았다. 표면을 망가뜨린다고 느낀다는 표현도 설명하기는 애매해서 치매와 몽유병, 숙취와 조증의 공통점이라는 것 까지만 하겠다.

다음으로 항우울제가 영향을 끼친다. 항우울제를 종류별로 다 먹어본 건 아니니 내가 먹어본 항우울제를 이야기하자면 설트랄린이고, 술과 비슷하게 설명하자면 내면을 수축시킨다. 복용량이 과하다면 그건 우울증을 유발할 수도 있다는 게 내 의견이다. 내면의 의존도가 높은 사람은 약의 효과에 적응하기가 힘들다. 그러니까 내면의 의존도에 비해 높은 복용량은 오히려 우울증을 유발할 수 있다. 혹시 환자가 우울증 약을 먹은 후에 지나치게 의욕이 떨어지는 느낌을 받는다면 첫 번째로 내가 권장하는 방향은 그 상태에 적응하는 것이고, 두 번째는 정말 너무 힘들다면 상태를 잘 묘사하고 표현해서 의사와 상의 후에 줄이길 바라는데, 혹시 당사자가 스스로 그렇게 할 수 있는 정도라면 충분히 적응할 수 있을 것이라 생각해서 약을 줄이는 방법은 두 번째로 권장한다. 실제로 내 경우엔 처방이 한두 번이 아니라 조금씩 다른데, 얼마 전에 여러 약봉지 중에 처음 발견 된 설트랄린 50mg 1.5정이 포장된 약봉지를 한 번에 두 봉을 먹었다. 두 시간 정도면 미묘하게, 세 시간이면 약효가 충분히 느껴진다. 이 부분은 약을 적게 먹을 때도 그랬다. 생각이 줄어들고 복잡한 정신이 차분해지는 것을 조금씩 느낄 수 있는데, 시간이 지날수록 생각자체가 잘 일지 않고 생각에 비례해서 의욕도 떨어진다. 내가 바로 떠오르는 표현으로 멍청한 상태가 되고 조금 예쁘게 말한다면 지나친 진정상태라고 할 수 있겠지. 처음 이 상황을 겪었을 때는 복용량이 더 적었음에도 굉장히 답답했던 기억이 있는데, 이번은 버틸만했다. 과용해서인지 졸음과는 다르게 몸이 멈춰버릴 듯한 느낌이 오는데 잠을 버틸 자신이 없어서 운전이 꺼려질 정도다. 실제로는 수면시간이 크게 늘지는 않았고 첫날만 평소보다 한 시간 정도 많이 잤다. 한번 150mg을 복용한 약효가 3일간 지속됐고, 약효의 비율을 수치로 표현하자면 일자 순으로 5:2:1 정도였다. 버티는 방법을 묻는다면 앞에서 충분히 설명했는데, 그 의욕이 없는 상태를 받아들이고 그냥 살아가면 된다. 의욕이 없는 상태로도 살고 싶으면 된다. 내면에서 영원히 나 자신이 의욕이 넘치고 활기차고 건강하리라 바라고 그리는 미래를 망가뜨리면 된다. 의욕이 없고 활기가 없어도 건강하지 않아도 악착같이 살고 싶다는 마음 하나면 충분하다. 나는 이미 약을 먹었고 약효는 피할 수 없는 현실임을 받아들이면 된다. 그렇게까지 살아야 하는지 의문이 든다면 그렇다면 온 세상이 당신 하나에 맞추는 게 맞는지를 스스로에게 되물어라.

모든 상황 모든 문제를 해결하는 만능열쇠는 없고, 항상 내 상황에 조금 더 도움이 되는 일이 있고 조금 더 방해되는 일이 있다고 충분히 설명했다. 처지를 받아들이고 그에 맞게 살면 된다.

여섯 번째는 결과에만 집중하는 습관이 있다면 경계하기를 권장한다. 결과에 가치를 몰아서 부여하면 자연스럽게 과정은 불필요 한 것, 귀찮은 것이 되며 당연히 성급해지고, 비유적으로 표현하자면 담배면 된다는 생각이 꽁초를 주워 피게 만든다.

잠깐 맥락을 벗어난 이야기를 하자면 앞에서 내가 삶이면 된다고 했던 표현과 겹쳐 보여서 모순이라고 생각할 수도 있는데, 담배면 된다는 생각은 삶을 당연하게 생각하는 전제가 깔려 있다. 삶이면 된다는 생각을 가지고 있다면 담배는 없어도 된다. 삶이면 된다는 생각은 삶 그 자체만이 전제다. 최후의 희망이고 생명체가 물러날 수 있는 한계다. 두 표현은 문자로서 비슷한 형태를 가진 표현이지만 전달하고자 하는 초점이 전혀 다른 표현이니 오해가 없기를 바란다.

다시 결과에 대한 이야기로 돌아가서 결과에 대한 집중으로 파생되는 다른 문제는 과정을 기피하고 줄이려는 성향이 생기며 급해진다. 한가지 더 본다면 결과는 나타나지 않을 수도 있고 나타나도 내가 원하는 형태가 아닐 때 과정마저 등한시했다면 고통이 과중 될 수밖에 없다. 반대로 결과가 망가지더라도 과정을 소중히 한다면 그 충격은 줄어들 것이다.

일곱 번째로 고민을 통해 조울증을 보자면 내면이 하나의 의견으로만 이루어져 있거나 압도적으로 편향되어 있다면 다른 선택지에 대한 고민이나 아쉬움은 나타나지 않는다는 이야기를 앞에서 했었고, 이 부분이 조울증에 크게 작용한다고 생각하는데, 내면에서 하나로 통일된 의견이 현실에서 실현할 수 없는 문제로 다가왔을 때 내려놓기 쉽지 않다는 부분이다. 쉽게 예로 들자면 대부분은 살수도 있고 죽을 수도 있다는 생각으로 사는 게 아니라 살고 싶다는 강력한 의지로 살아가기 때문에, 불치병이나 난치병으로 목숨을 위협받을 때 굉장히 내려놓기가 힘들다. 극단적으로 목숨을 예로 들었지만 사람마다 내려놓기 힘든 무언가가 존재한다. 가족이나 재산, 명예, 권력 등 소중하게 여기는 요소가 다양하게 존재한다. 그것들을 목숨에 비할 만큼 소중히 한다면 끝내 내려놓지 않고 목숨을 내려놓는 경우가 가끔 존재한다.

다음 이야기로는 적절한 표현을 찾기가 힘든데, 상호작용에 탄성 같은 느낌이다. 다르게 표현하면 지금까지 이야기한 상호작용은 정지된 한 순간의 상호작용이라면 현실의 시간상에 끊임없는 상호작용에 대한 이야기다.

예를 들어, 내가 무언가 내 손에 쥐게 됐을 때 그것은 영원 할 수 없다는 것을 대부분 잊고 산다. 공수래 공수거라고 죽을 때 다 놓고 간다는 둥 허무주의를 이야기하는 것이 아니라, 새옹지마에 가까운 이야기다. 쥐면 그것을 놓칠까 불안해할 수도 있고 그것을 쥐고 있는 것에 만족할 수도 있다. 놓치면 그것을 아쉬워하며 우울할 수도 있고, 새로운 것을 쥘 수 있다는 것에 기대할 수도 있다. 너무 오래 손이 비어 있어서 지칠 수도 있고 인내를 가지고 계속 기대할 수도 있다. 모두 선택할 수 있는 일이다.

이만하면 앞의 글들에 의해서 충분히 적응 했으리라 생각하고 더 깊이 들어가면, 조울증은 환자에게 있고 이것은 정신의 일부라 할 수 있다. 그리고 조울증의 원인 또한 환자에게 있고 역시 정신의 일부라 할 수 있다. 좀 줄여서 이야기하자면 원인은 환자에게 있다고 할 수 있는데, 여기까지 들으면 대부분의 정신질환자는 화가 나고 억울하고 답답하다. 다양해 보이는 상황이지만 대부분의 환자들이 보이는 공통점이 읽힌다. 상황을 받아들이지 않는 것이다. 그 상황의 환자들의 반응을 내가 읽히는 대로 표현해보면 "이렇게 된 것도 억울한데 내가 그랬다고?"말하는 듯한 반응인데, 그래서 환자에게 어떻게 오해가 없게 접근해야 하는 가는 요약하자면 신뢰를 쌓고 어떤 사람인지 알아야 한다. 모든 환자를 깨어나게 하는 단 한마디의 마법 같은 주문은 없다. 혹시나 당신이 환자고, 여기까지 읽을 수 있는 사람이라면 나는 가능하리라 판단한다. 앞에서 직접 이야기한 적은 없는데, 내 이야기는 원인이 당신에게 있지만 그것은 당신의 일부 요소이며 당신 자체가 원인은 아니라는 걸 이해할 수 있으리라 판단한다.

이어지는 다음 이야기로 학습과 계획이다. 당신도 모르는 채로 내면에서 그리는 계획을 통제하는 것이 하나의 방법이 될 수 있다. 강렬한 감각은 쉽게 학습된다. 만족스럽다면 다시 찾게 되고 불편하면 피하게 된다. 반복되는 감각 또한 쉽게 학습된다. 계속해서 만족스러운 일은 계속 만족스러울 것이라고 기대하게 되고 계속해서 불편한 일은 계속 불편할 것이라고 넘겨짚게 만든다. 인간은 상상력이 지나쳐 직접적인 경험이 아니라 간접적인 경험까지도 만족스러울 것이라고, 불편할 것이라고 넘겨짚게 된다. 그렇게 지나친 상상력과 지나치게 많은 간접경험, 통제되지 않은 학습이 모이면 당신 내면은 당신을 신이 되게끔 이끌 것이다. 흔히 하는 이야기를 하자면 남들처럼 살려고 하지 마라, 인간답게 살지 말라고 표현할 수 있다. 그것은 당신이 여러 인간들의 갖은 장점을 다 모아서 신에 가까운 환상의 인간으로 이끌려고 할 것이다. 당신이 상상력이 부족해서 미래를 스스로 계획하지 못하겠다면 하나의 인간을 특정해서 그 대상이 가지고 있는 장점만이 아니라 단점도 감내해야 한다. 좀 더 정확한 표현을 위해 비유를 이용하면 그 사람이 가지고 있는 열매만 부러워할 것이 아니라 그 사람의 노동도 닮아야 한다는 것이다. 그 노동을 따라가지 못하면 당연히 열매도 포기해야 한다.

이어서 하기에는 좀 재수 없는 이야기지만 노동과 결과는 비례하지 않으니 산술적인 비교는 피하는 것이 좋다. 인간 수준으로는 모든 변수를 고려해서 정확한 계산을 할 수 없기 때문인데, 혹시 당신이 가능하다면 일기예보 좀 해줬으면 좋겠다. 멍청한 슈퍼컴퓨터는 하루에도 몇 번을 틀리는지 모르겠다. 앞의 표현은 빈정거린 것이 맞다.

다시 설명으로 돌아가서, 우리는 고려할 수 없는 변수나, 예상 가능하지만 통제할 수 없는 변수들을 운이라고 한다. 그리고 대부분의 일은 상호작용이며, 인간의 능력을 생각하면 운은 인간이 벗어날 수 없는 요소다. 완전히 동일한 신체를 가진 두 인간이 완전히 다른 상황에 존재한다면 당연히 다른 결과가 나올 수밖에 없다. 비유로 이야기하면, 천재라고 불리는 인물들은 천재라고 부를만한 환경이 있었기 때문에 가능한 것이다. 지식이 천대 되는 환경이라면, 밥벌레 정도의 취급을 받겠지. 전설적인 운동선수도, 그 운동이 관심을 받고 그 능력이 존경받을 때 가능한 일이다. 영웅은 영웅이 필요한 상황에서 나타날 수 있다. 아무도 전쟁을 원하지 않고 일어나지 않는데 전쟁영웅이 나타나면 미친놈이 될 것이다.

남들이 좋아하는 일을 하고 쉽게 무리속에 섞일 것인지, 내가 좋아하는 일을 남들이 좋아해 줄 때까지 기다릴 것인지는 선택할 수 있는 일이다.

내가 하는 일과 결과의 효율이 남들에 비해 떨어진다면 그걸 감내하고도 할 만큼 좋아하는 일이라서 계속 할 것인지 계속 불평하면서 할 것인지, 또는 남들보다 좋은 효율이 나타나는 일을 찾아 나설 것인지는 선택할 수 있는 일이다. 세상에 적응하거나 세상을 적응시키는 일이지.

지금 상황에 갖다 대기는 좀 극단적이네. 내가 좋아하는 일을 남이 좋아하는 형태로 할 수도 있으니까. 우리는 그걸 타협, 협상 등으로 표현한다.

마지막은 앞에 있던 다른 모든 이야기들과 상반되는 이야기야.

누군가 스무 살이 되던 해 부모는 이혼했다. 할머니와 8살 동생을 남기고 부모는 각자 자신의 삶을 찾으러 갔다. 그렇게 동생과 할머니를 돌봐야 하는 가장이 됐다. 그 사람이 버는 돈으로 삼인 가족의 생계는 유지되고 있었지만 오랜 시간이 흘러 2023년, 조금 큰 문제가 생겼다. 카드 대금이 연체됐는데, 그걸 보고 화를 참지 못한 할머니를 말리다 손에 큰 상처가 났고 일을 할 수 없게 됐다. 통신사의 소액결제도 쌓이고 동생 학원비도 밀리고, 집세도 밀리게 됐다. 이게 끝이 아니라 할머니가 편찮으셔서 병원에 모시고 가니 무릎이 많이 나빠져서 수술이 필요하다고 한다.

어떤 사람의 이야기 중에서 고통을 요약한 내용이야.

이 이야기를 통해서 내가 전달하고 싶은 이야기는, 우울증은 반드시 벗어나야 하는 것이 아닐 수도 있다.

그리고 실제로 있었던 이야기이기 때문에 이 이야기를 풀어헤치거나 이 이야기에서 우울증을 벗어나는 방향은 생략하겠다.

그리고 이 이야기에 깊게 몰입하여 공감할 수 있다면 내가 왜 우울증을 벗어나는 것이 무조건적인 최선이 아니라고 하는지도 충분히 알 수 있을 것이다.

만약 내가 앞의 상황처럼 어려움에 처한다면 다시 우울증이 찾아와도 감내할 것이다.

그래서 마무리하자면 직전의 이야기처럼 마지막의 이야기와 이전의 다른 이야기는 굉장히 상반되는데, 나누어진 채로 요약하자면 감정을 제어해서 조울증을 벗어나는 방법과, 그러지 않고 있는 대로 받아들이는 것. 이게 모순되는 이야기라고 느낄 수 있으니 짚어 줄게. 앞에서 했던 이야기들을 다시 풀어헤치고 조립할 거야. 앞에서 했던 이야기는 하나의 이야기가 아니라 나누어서 각각 다른 근거를 가진 이야기들이야. 그리고 모든 일을 해결하는 마법 같은 방법은 없어. 그러니 다른 상황에서는 다른 이야기가 나오는 거지.

먼저 마지막 이야기와 나머지 이야기들을 줄여서 이야기하자면 감정을 제어해서 조울증을 벗어나는 방법과, 그러지 않고 있는 대로 받아들이는 것. 엇갈리는 두 이야기를 다시 요약해보면 "상황에 맞는 판단으로 인한 행동"이야. 수학에 빗대서 이야기하면 세상을 답으로 판단하지 말고 공식으로 판단하라고 이야기할 수 있지. 조금 다른 각도에서 이야기하면 오늘과 어제는 다른 세상이니까 어제 계산한 답을 오늘 적용시키지 말고 오늘은 오늘에 맞는 계산을 하라는 거야. 명시적인 설명으로 돌아가서, 내면에서 이끄는 판단에 끌려 가는 게 아니라 감각의 비율을 높이라는 거야.

내면에서 계속해서 학습하고 규칙이나 질서를 만드는데 휘둘리지 말고 내면에서 습관적으로 나오는 규칙들이 지금 처한 상황에 맞는지 충분히 검토하고 판단하라는 이야기야. 그렇게 넘겨 짚지 않으려면 감각에 조금 더 집중해서 당신이 어떤 상황에 처해있는지 당신과 상황을 정확하게 파악해야 하는데, 좋고 나쁜 것은 절대적인 규칙이 아니다. 상대가 좋아하면 그 순간에 좋은 것이고, 상대가 싫어하면 그 순간에는 나쁜 것이다. 하지만 반복해서 경험하면 착각이 일어난다. 마치 대상 자체가, 사람 자체가 좋은 것으로 판단하게 된다.

6.2. 마무리

한사람을 위한 이야기를 한다면 내가 그 사람에 대해서 알아가고 그 사람에 맞게 이야기할 수 있고 오차가 줄어든다는 걸 알아. 하지만 애초에 책은, 내가 하려는 일은 불특정 다수를 향해서 전달하는 일이기 때문에 내가 모든 인간을 공부할 게 아니라면 완벽한 전달은 포기하는 선택이 필요하지.
그래서 완벽한 전달을 포기한다고 휘갈기는 게 아니라 실제로 질문해보기도 하고, 여러 사람을 상상해서 반응을 떠올려보고, 내 선택 안에서 할 수 있는 최대한의 정확함을 시도는 하는 거야. 정확하다는 것도 쓰는 내가 결정하는 것이 아니라 읽는 당신과 상호작용으로 결정되는 거니까 내가 하는 건 정확하기를 유도하고 쓰는 것이지.
내 시점에서 지금까지 내가 이 책에 실은 내용들은 완벽하게 조화로워. 아름답지 않은 건 좀 아쉽지만 서로 충돌하지 않고 견고하게 지지하거든. 없어도 되는 것들이 좀 많기는 하네. 하지만 견고함만 생각한다면 충분히 조화롭지만 그래도 나와 당신은 각자 다른 환경에서 다른 경험을 가지고 있기 때문에 내가 글에 부여한 의미와 당신이 글에서 읽어내는 의미에는 오차가 생길 수밖에 없거든.
그래서 내 의견을 단호히 이야기하자면 내 글에서 모순이 느껴진다면 그건 당신이 잘못 읽은 것이다.
다르게 표현하면 나와 당신은 같은 대상을 다르게 보고 있는 것이 아니라, 전혀 다른 대상을 보고 있는 것이다.
하지만 모두가 모순을 느낀다면, 아무도 이해하지 못한다면, 그건 내가 잘못한 것이다.
어디를 어떻게 봐야 하는지 내가 제대로 짚어주지 못한 탓이다.

목/차

머리글. 1···4

머리글. 2···4

머리글. 3···5

머리글. 4···6

머리글. 5···8

0. 절차···13
1. 구분···17
2. 공통점···21
3. 글···25

    3.1 구분···25

    3.2 학습···31

    3.3 말과 글에서 표현되지 않은 정보···41

    3.4 선입견···46

4. 언어···55

    4.1 구분···56

    4.2 독심술 2···64

    4.3 마찰···69

    4.4 복잡함···73

    4.5 믿음···84

    4.6 상호작용···88

    4.7 중간 정산···93

5. 행동…97

    5.1 독심술 3…98

    5.2 자존심…102

    5.3 경계…108

    5.4 성향…114

    5.5 구분…118

6. 현상…122

    6.1 조울증…125

    6.2. 마무리…146

내가 조울증을 통제하는 방법

초판인쇄 | 2024년 5월 20일 **지은이** | 최태호 **펴낸이** | 김영태 **펴낸곳** | 도서출판 한비CO
출판등록 | 2006년 1월 4일 제25100-2006-1호 **주소** | 41967 대구시 중구 남산2동 938-8번지 미래빌딩 3층 301호 **전화** | 053)252-0155 **팩스** | 053)252-0156 **홈페이지** | http://hanbimh.co.kr **이메일** | kyt4038@hanmail.net

ISBN 9791164871339
값 18,000원

*잘못된 책은 교환해 드립니다.
*저자와의 협의로 인지는 생략합니다.